Reinhard Lettmann

Frau im Mantel von Licht

Frau
im Fadenkreuz
der Gnade

Mit Himmel
bekleidet
und Licht
erdverbunden

Da bin
ich

Ich bin
dein

Klaus Honermann

Vorwort

Fürstbischof Christoph Bernhard von Galen legte im Jahr 1654 den Grundstein für die Wallfahrtskapelle in Telgte. Er förderte die Wallfahrt zum Gnadenbild der schmerzhaften Mutter in Telgte mit einer offiziellen Anordnung zur Wallfahrt an die Gemeinden des Bistums. Im Jahr 2004 können wir das 350-jährige Jubiläum dieser Wallfahrt feiern.

Die Bischöfe von Münster sind dem Wallfahrtsort Telgte in vielfältiger Weise verbunden. Sie haben die Wallfahrt nicht nur empfohlen und angeordnet, sondern sind auch persönlich immer wieder als Pilger in Telgte gewesen.

Es ist bekannt, dass Bischof Clemens August Kardinal von Galen sich häufig in der Morgenfrühe allein auf den Weg von Münster nach Telgte machte, um am Gnadenbild zu beten und die heilige Messe zu feiern.

Auch ich liebe den Wallfahrtsort Telgte. Ich nehme nicht nur regelmäßig an Wallfahrten teil, sondern pilgere auch immer wieder allein zu Fuß oder mit dem Fahrrad nach Telgte, um vor dem Bild der schmerzhaften Mutter zu beten.

Das 350-jährige Wallfahrtsjubiläum in Telgte ist mir ein willkommener Anlass, unter dem Titel „Frau im Mantel von Licht“ Texte, Gedanken und Anregungen zur Marienverehrung zu veröffentlichen. Die Anregungen stammen zu einem Teil aus Marienhymnen des französischen „Magnificat“, die im deutschen Sprachraum weithin unbekannt sind. Texte der äthiopischen Kirche können gleichfalls unsere Marienverehrung bereichern. Ich entnehme sie dem Buch von Lothar Heiser: „Äthiopien erhebe seine Hände zu Gott! Die äthiopische Kirche in ihren Bildern und Gebeten“ (EOS-Verlag, Erzabtei St. Ottilien 2000).

Ich veröffentliche diese Gedanken und Anregungen zur Marienverehrung nicht zuletzt im Hinblick auf unser 1200-jähriges Bistumsjubiläum. Das Leben unseres Bistums ist durch viele Marienwallfahrtsorte geprägt. Mögen diese Anregungen und Gedanken zur Belebung und Förderung der Marienverehrung in unserem Bistum beitragen.

Inhalt

Maria im Leben der Kirche

Ave Maria 9
Mutter der Kirche 12
Marienverehrung 15
Das Gottesbild Marias 16
Das Wunderbare der Menschwerdung
im Spiegel Marias 18
Lobpreis Jesu im Blick auf Maria 19
Dank für Maria 20
Dank, „weil sie unsere Mutter ist“ 24
Mutter der Kinder Gottes 27
In Gottes Einsatz für die Menschen 30

Maria im Heilsplan Gottes

Frau im Lichte Gottes 32
Frau, von Gott gewollt 33
Frau, von Gott erfüllt 35
Frau, von Gott geführt 37
Frau, von Gott geschenkt 39
Frau im Mantel von Licht 41

Maria – Mittlerin

Springquell der Gnade und des Erbarmens 43
Mutter Gottes – Mutter der Menschen 45
Bilder der Mittlerschaft 47

Stern des Advents 48
Madonna della stella 50
Hoffnungsträgerin 51
Teilhaben an der Freude Marias 52
Botin der Freude und des Lebens 54
Arche des Bundes 56
Bilder für Maria 57
Sich Maria anvertrauen 59
Vertrauen auf Maria 60
Eine Weise der Weihe an Maria 62

Marienfrömmigkeit

Ein Blumengruß für Maria 64
Kranz aus fünfzig Rosen 65
Maria im Bild des Baumes 67
Die Schönheit Marias 69
Vor dem Antlitz Marias 71
Der erbarmungsreichen Mutter wunde Füße 72
Gesundheit des Leibes und der Seele 73

Marienhymnen

Eine äthiopische Litanei 75
Neue Hoffnung 76
Klare Quelle 77
Botin der Freude 77
Freu dich, Maria! 78

Quellen 80

Maria im Leben der Kirche

Ave Maria

Unzählige Male an jedem Tag erklingt in der Kirche der Lobpreis Marias. Das „Ave Maria" ist das bekannteste und zugleich in einzelnen Teilen älteste Mariengebet. Gerade weil es so bekannt ist und wir es so häufig beten, ist es gut, sich von Zeit zu Zeit auf seinen Inhalt zu besinnen.

Das „Ave Maria" beginnt mit dem Gruß an Maria: „Gegrüßet seist du, Maria, voll der Gnade, der Herr ist mit dir. Du bist gebenedeit unter den Frauen, und gebenedeit ist die Frucht deines Leibes, Jesus."
Mit diesen Worten stimmen wir in den Gruß ein, mit dem der Engel Gabriel Maria grüßte: „Sei gegrüßt, du Begnadete, der Herr ist mit dir." Wir verbinden damit den Gruß Elisabets: „Gesegnet bist du mehr als alle anderen Frauen und gesegnet ist die Frucht deines Leibes" (Lk 1,28.42).
Die Tatsache, dass Lukas diesen doppelten Gruß an Maria in seinem Evangelium überliefert, ist zugleich ein Zeugnis für die Verehrung Mariens in frühester christlicher Zeit.
Mit dem Gebet des „Gegrüßet seist du, Maria" stellen wir uns in diese uralte Tradition der Marienverehrung hinein.
Der zweite Teil des „Ave Maria" enthält eine Bitte an Maria. Sie beginnt mit den Worten: „Heilige Maria, Mutter Gottes ..."
Schon Elisabet nennt die Mutter Jesu Mutter des

Herrn: „Wer bin ich, dass die Mutter meines Herrn zu mir kommt?“ (Lk 1,43).
Herr – Kyrios ist der Name, der die Göttlichkeit Jesu zum Ausdruck bringt. Im urchristlichen Hymnus, der im Brief des Apostels Paulus an die Philipper überliefert ist, heißt es von Jesus Christus: „Darum hat ihn Gott über alle erhöht und ihm den Namen verliehen, der größer ist als alle Namen, damit alle im Himmel, auf der Erde und unter der Erde ihre Knie beugen vor dem Namen Jesu und jeder Mund bekennt: ‚Jesus Christus ist der Herr‘ – zur Ehre Gottes, des Vaters“ (Phil 2,9–11).
Maria – Mutter Jesu – Mutter des Herrn: Im Verkündigungswort des Engels Gabriel erscheint Maria als Mutter des Sohnes Gottes: „Der Heilige Geist wird über dich kommen, und die Kraft des Höchsten wird dich überschatten. Deshalb wird auch das Kind heilig und Sohn Gottes genannt werden“ (Lk 1,35).
Das Konzil von Ephesus (431) steht in dieser biblischen Tradition, wenn es Maria die Mutter Gottes nennt. So reden wir Maria in unserem Gebet an, wenn wir ihr unsere Bitten vortragen: „Heilige Maria, Mutter Gottes, bitte für uns Sünder jetzt und in der Stunde unseres Todes.“ Wir tragen Maria nicht irgendwelche inhaltlich bestimmten Bitten vor. Vielmehr empfehlen wir uns selbst mit allem, was wir sind und haben, ihrer Fürbitte.
Dabei scheuen wir uns nicht, uns als Sünder zu bekennen. Wir kommen zu ihr mit unseren Grenzen und Fehlern, mit unserer Schwäche und unserer Schuld.
Wir empfehlen uns der Fürbitte Mariens „jetzt“: Darin liegt unser ganzes Leben, alles, was unser „Jetzt“ erfüllt, was uns froh macht und was uns bedrängt. „Jetzt“: Dieser Begriff ist so weit, dass wir unser ganzes Leben in ihm aussprechen und bergen können.

Es ist unser Leben, wir sind es selbst in unserem Leben, hier und jetzt. So empfehlen wir uns der Fürbitte Mariens.
„Bitte für uns ... jetzt": In dieser Bitte liegt etwas Drängendes. Wir stehen dem „Jetzt" nicht als unbeteiligte Zuschauer gegenüber. Wir sind vielmehr betroffen, berührt, freudig oder auch schmerzlich, durch das, was wir jetzt erleben. „Jetzt": Das kann auch zum Inhalt haben: „Sieh her! Jetzt ist es Zeit zum Handeln! Lass mich doch jetzt nicht im Stich!"
Das „Jetzt" ist für jeden anders gefüllt. Bei einigen Fußwallfahrten ist es Brauch, beim Rosenkranzgebet mit jedem „Ave Maria" das Kreuz, das in der Regel an der Spitze der Wallfahrt getragen wird, weiterzureichen, so dass jeder es tragen kann. Alle beten für den und in den Anliegen dessen, der es trägt. Diese Weise des Füreinander-Betens kann Menschen verbinden.
Wir empfehlen uns der Mutter Gottes jetzt und in der Stunde unseres Todes. Für diese letzte Stunde erbitten wir in besonderer Weise ihre Fürsprache. Die Stunde des Todes soll uns auf die Fürbitte Mariens zur Stunde des Lebens werden. Deshalb bitten wir sie: „Wohlan denn, unsre Fürsprecherin, wende deine barmherzigen Augen uns zu, und nach diesem Elend zeige uns Jesus, die gebenedeite Frucht deines Leibes. O gütige, o milde, o süße Jungfrau Maria."
„Zeige uns Jesus!" Sein Name wird in der Mitte des „Ave Maria" genannt. Er steht in der Mitte unseres christlichen Glaubens. Seinetwegen wurde Maria zur Mutter erwählt. Um Jesus geht es – in ihrem Leben und in unserem Leben.

Mutter der Kirche

An mehreren Stellen im Johannes-Evangelium erscheint die Gestalt des „Jüngers, den Jesus liebte". Ulrich Wilckens, ein evangelischer Theologe und Bischof, sieht in diesem Jünger eine „theologische Symbolgestalt". Er ist „der Repräsentant der wahrhaft Glaubenden der nachösterlichen Kirche im vorösterlichen Kreis der Zwölf" (Ulrich Wilckens, Maria, Mutter der Kirche, in: Ekklesiologie des Neuen Testamentes, Festschrift für Karl Kertelge, herausgegeben von Rainer Kampling und Thomas Söding, Freiburg–Basel–Wien 1996, S. 247–266, hier S. 262).

Maria, die Mutter Jesu, und der Jünger, den Jesus liebte, stehen unter dem Kreuz: „Als Jesus seine Mutter sah und bei ihr den Jünger, den er liebte, sagte er zu seiner Mutter: Frau, siehe, dein Sohn! Dann sagte er zu dem Jünger: Siehe, deine Mutter! Und von jener Stunde an nahm sie der Jünger zu sich" (Joh 19,26–27).

Die Mutter Jesu und der Jünger, den Jesus liebte, sind „beides Menschen, die sich jeweils in einer voranstehenden Szene als mit Jesus besonders vertraut herausgestellt haben: Jesu Mutter am Anfang, der Jünger am Ende der Geschichte Jesu ... Unter dem Kreuz werden sie durch Jesu Verfügung 19,26 zu einem Paar" ... „Der Jünger tritt an Jesu Stelle; Jesu Mutter wird fortan zu seiner Mutter, die er zu sich nimmt, und für sie wird er nun zu ihrem Sohn. Diese Verfügung Jesu ist zunächst gewiss ein fürsorglicher Akt des Sohnes für seine Mutter im Blick für die Zeit nach seinem Tod, wie es die altkirchliche Auslegung ebenso liebevoll herausstellt wie später die protestantische. Doch darin erschöpft sich die Bedeutung dieses testamentarischen Aktes Jesu nicht. Wenn ‚der Jünger, den Jesus liebte', im vorösterlichen Kreis der

Zwölf die glaubenden Jünger der nachösterlichen Kirche repräsentiert, dann hat der Auftrag des Gekreuzigten an ihn, seine Mutter als die eigene Mutter zu sich zu nehmen, Bedeutung auch für die Kirche: In der Stunde der Vollendung seiner Sendung am Kreuz vertraut er seiner Kirche seine Mutter als ihre Mutter an und gibt sie in ihre Obhut. Ein Gleiches gilt umgekehrt für seinen Auftrag an seine Mutter, ‚den Jünger, den er liebte', an seiner Statt als ihren Sohn anzunehmen: Maria wird damit in der Tat zur ‚Mutter der Kirche'" (S. 260).

Das hat Bedeutung für die Kirche. Maria gibt ihr die einzigartige Gewähr dafür, „dass der verherrlichte Gottessohn, an den sie glaubt, als ihr leiblicher Sohn Jesus von Nazaret Fleisch geworden ist, dass seine Worte und Taten also mit menschlichen Ohren zu hören und mit menschlichen Augen zu sehen sind, dass er als Mensch gelitten hat (19,5!) und am Kreuz gestorben ist. Es ist für den Glauben entscheidend, dass dieser Jesus der Christus und der Sohn Gottes ist (20,31). Darum beginnt und endet seine Geschichte, die der Evangelist erzählt, mit dem Auftreten der Mutter an seiner Seite" (S. 261).

Wilckens weist auf eine weitere Bedeutung Marias als Mutter der Kirche hin: „Zugleich soll sie, mit ihrem Sohn während der heilsentscheidenden Zeit seiner irdischen Sendung in geistlichem Einverständnis vertraut, eine permanente Stimme in der lebendigen Überlieferung der Kirche sein, an ihn als den Fleischgewordenen zu glauben, der im Tod am Kreuz seine göttliche Sendung erfüllt hat. Als Jesu Mutter von der Kirche als ihre Mutter angenommen, ist sie eine mütterliche Gewähr dafür, dass alle, die an Jesus glauben, zu den Seinen gehören, die er bis zur Vollendung geliebt hat (13,1), und dass sie in ihrem Zusammenleben so mit ihm vertraut sein dürfen, wie

seine Mutter es mit ihrem Sohn in seinem irdischen Leben gewesen ist" (S. 261).
Wenn man im „Jünger, den Jesus liebte", die Symbolgestalt eines Repräsentanten der Kirche sieht, ist es die Kirche, „in deren Obhut Jesus in der Stunde der Vollendung seiner Sendung am Kreuz seine Mutter gibt. Indem er dies tut, vollendet sich seine Liebe zu den Seinen (13,1), die er diesem einen Jünger als dem Repräsentanten aller Jünger der Kirche vor- bzw. urbildhaft zuwendet. Maria wird so gerade nicht symbolisiert! Sie bleibt für die Kirche aller Zeiten die Mutter ihres Herrn. Weil dieser seine Kirche liebt, gibt er ihr seine eigene Mutter als ihre Mutter in ihre Mitte" (S. 265).
„Die Verfügung Jesu in 19,26 gibt ihr ihre bleibende Funktion als Mutter des Jüngers, ‚den er liebte', d.h. als Mutter aller Glaubenden, deren Ort zwar in der Kirche (19,27), deren Rolle als Mutter aber der Kirche gegenüber ist" (S. 263).
In dieser Sicht kann auch das Wort Marias zu den Wasserträgern bei der Hochzeit von Kana: „Was er euch sagt, das tut!" (Joh 2,5) auf die nachösterliche Situation der Kirche übertragen werden: „Was Jesu Mutter hier dem Diener sagt: ‚Was er euch sagt, das tut', das sagt sie als Mutter der Kirche ständig allen Gläubigen" (S. 265–266).
Wir können in dem Wort Jesu am Kreuz „einen Ansatz zu einer geistlichen Verehrung Marias im Urchristentum erkennen – einer Verehrung freilich, die in ihr so ganz die Mutter Jesu sieht, dass sie sie durchweg nicht mit ihrem Namen Maria nennt, sondern in ihrer Zuordnung als Mutter zu ihrem Sohn. Wer sie verehrt, tut es im Glauben und in der Liebe zu Jesus, der seiner Kirche vom Kreuze herab seine Mutter als die ihrige in ihre Mitte gegeben und ihr die Aufgabe zuerkannt hat, sie bleibend zu verehren.

In ganz anderer Weise, aber der Christozentrik des ganzen Aspektes entsprechend, finden sich sonst im Urchristentum nur noch in den so genannten Vorgeschichten des Lukas- und des Matthäus-Evangeliums Ansätze zu einer Marienverehrung" (S. 266).

Marienverehrung

Erasmus von Rotterdam verfasste 1524 einen „Brief der Jungfrau Maria" an einen bilderstürmerischen Prediger zu Basel: „Du wirst mich doch nur zusammen mit meinem Sohn hinauswerfen können, den ich auf meinen Armen trage. Von ihm lasse ich mich nicht trennen. Entweder wirst du ihn zusammen mit mir austreiben oder uns beide drinnen lassen, es sei denn, du hast lieber eine Kirche ohne Christus."
Das Zweite Vatikanische Konzil lässt die dogmatische Konstitution über die Kirche in einem Kapitel über Maria ausklingen. Es trägt die Überschrift: „Die selige jungfräuliche Gottesmutter Maria im Geheimnis Christi und der Kirche".
Über die Marienverehrung sagt das Konzil: „Maria wird, durch Gottes Gnade nach Christus, aber vor allen Engeln und Menschen erhöht, mit Recht, da sie ja die heilige Mutter Gottes ist und in die Mysterien Christi einbezogen war, von der Kirche in einem Kult eigener Art geehrt. Schon seit ältester Zeit wird die selige Jungfrau unter dem Titel der ‚Gottesgebärerin' verehrt, unter deren Schutz die Gläubigen in allen Gefahren und Nöten bittend Zuflucht nehmen. Vor allem seit der Synode von Ephesus ist die Verehrung des Gottesvolkes gegenüber Maria wunderbar gewachsen in Verehrung und Liebe, in Anrufung und Nachahmung, gemäß ihren eigenen prophetischen Worten: ‚Selig werden mich preisen alle Geschlechter,

da mir Großes getan hat, der da mächtig ist' (Lk 1,48). Dieser Kult, wie er immer in der Kirche bestand, ist zwar durchaus einzigartig, unterscheidet sich aber wesentlich vom Kult der Anbetung, der dem menschgewordenen Wort gleich wie dem Vater und dem Heiligen Geist dargebracht wird, und er fördert diesen gar sehr. Die verschiedenen Formen der Verehrung der Gottesmutter, die die Kirche im Rahmen der gesunden und rechtgläubigen Lehre je nach den Verhältnissen der Zeiten und Orte und je nach Eigenart und Veranlagung der Gläubigen anerkannt hat, bewirken, dass in der Ehrung der Mutter der Sohn, um dessentwillen alles ist (vgl. Kol 1,15–16) und in dem nach dem Wohlgefallen des ewigen Vaters die ganze Fülle wohnt (Kol 1,19), richtig erkannt, geliebt, verherrlicht wird und seine Gebote beobachtet werden" (Nr. 66).

In der Verehrung Marias sollen sich alle ebenso jeder falschen Übertreibung wie zu großer Geistesenge bei der Betrachtung der einzigartigen Würde der Gottesmutter enthalten. Die wahre Andacht im Hinblick auf Maria besteht weder in unfruchtbarem und vorübergehendem Gefühl noch in irgendwelcher Leichtgläubigkeit, sondern geht aus dem wahren Glauben hervor, durch den wir zur Anerkennung der Erhabenheit der Gottesmutter geführt und zur kindlichen Liebe zu unserer Mutter und zur Nachahmung ihrer Tugenden angeleitet werden (vgl. Nr. 67).

Das Gottesbild Marias

Das Magnificat, der Lobgesang Marias, mit dem sie auf den Gruß Elisabets antwortet, preist die Größe und Allmacht, die Treue und Barmherzigkeit Gottes. Wir könnten diesen Lobgesang zu einer Litanei zur

Ehre Gottes umformen, die sein Bild, das Gottesbild des Magnificat, vor unseren Augen aufleuchten lässt:

Du großer Gott: Maria preist die Größe des Herrn. Er ist so groß, dass er den Menschen nicht klein halten muss, um seine Größe zu schützen. Seine Größe zeigt sich vielmehr darin, dass er Großes an den Menschen tut.
Du starker Gott: Gott ist der Mächtige. Er vollbringt mit seinem Arm machtvolle Taten. Doch seine Allmacht erdrückt seine Geschöpfe nicht. Durch seine Schöpfermacht hat er sie ins Dasein gerufen und trägt sie.
Du heiliger Gott: Sein Name ist heilig. Himmel und Erde sind erfüllt von seiner Herrlichkeit.
Du treuer Gott: Gott bleibt seinem Volk, das er berufen hat, treu. Er nimmt sich seines Knechtes Israel an. Er denkt an sein Erbarmen, das er den Vätern verheißen hat. Gott steht zu seinem Bund.
Du gerechter Gott: Vor Gott hat jeder Mensch Würde und Wert. Er will nicht, dass Menschen sich über andere erheben. Er zerstreut, die im Herzen voll Hochmut sind. Er stürzt die Mächtigen vom Thron und erhöht die Niedrigen.
Du barmherziger Gott: Gott hat ein Herz für die Menschen. Er erbarmt sich von Geschlecht zu Geschlecht über alle, die ihn fürchten. Er hat Mitleid mit den Menschen, die in Not sind. Die Hungernden beschenkt er mit seinen Gaben und lässt die Reichen leer ausgehen.
Du Gott der Verheißungen: Gott steht zu seiner Verheißung, durch die er uns Menschen Zukunft und Hoffnung gibt. Er denkt an sein Erbarmen, das er unseren Vätern verheißen hat, Abraham und seinen Nachkommen auf ewig.
Gott, du Freund Abrahams: Ihn, der Menschen zum

Freund hat, dürfen wir bitten, dass er auch unser Freund sei.
Gott, du mein Retter: Gott ist unser Erlöser. Er will unser Heil. Er will uns die Fülle des Lebens schenken.

Das Gottesbild des Magnificat, das Gottesbild Marias, lädt uns ein, mit ihr in den Lobpreis Gottes einzustimmen.

Das Wunderbare der Menschwerdung im Spiegel Marias

Ein Hymnus im französischen „Magnificat" versucht, in einigen Gegenüberstellungen eine Ahnung davon zu vermitteln, wie unvorstellbar das Geschehen der Menschwerdung ist. Der Hymnus ist ein Preislied auf Maria, zugleich aber ein Lobpreis auf das Wunder der Menschwerdung:

„Wie glücklich und gesegnet ist die Frau,
die vom Geist empfing
ihn, der vor allem Anfang war.

Wie glücklich und gesegnet ist die Frau,
die den, vor dem sich die Engel niederwerfen,
in ihrem Schoß trug.

Wie glücklich und gesegnet ist die Frau,
die ihren Sohn und ihren Gott
anschauen konnte auf dem Heu eines Stalles.

Wie glücklich und gesegnet ist die Frau,
die ihn, der in der Fülle des Lichtes wie in einen
  Mantel gekleidet ist,
mit ihren Händen in Windeln wickelte.

Wie glücklich und gesegnet ist die Frau,
die ihn, dessen Liebe alles erschaffen hat,
mit ihrer Milch ernährte.

Wie glücklich und gesegnet ist die Frau,
die ihn, der den Kräften der Welt befiehlt,
in ihren Armen wiegte.

Wie glücklich und gesegnet ist die Frau,
die ihn, den kein Wort und kein Gedanke fassen
können,
bei seinem Namen nannte."

Der Hymnus deutet aus, was eine Frau aus der Menge einst Jesus zurief: „Selig die Frau, deren Leib dich getragen und deren Brust dich genährt hat." Jesus erwiderte: „Selig sind vielmehr die, die das Wort Gottes hören und es befolgen" (Lk 11,27–28).
Der Hymnus nimmt diese Seligpreisung Jesu auf und wendet sie an auf seine Mutter:

„Mehr noch glücklich bist du, Maria,
weil du gewusst hast,
in deinem Herzen über das Wort Gottes zu wachen."

Lobpreis Jesu im Blick auf Maria

Am Fest der Aufnahme Marias in den Himmel preisen wir Jesus Christus, ihren Sohn, den Erlöser der Menschen, der auch ihr Erlöser ist. Wir schauen Maria im Heilsplan Gottes und beschreiben ihre Stellung mit Bildern, die uns aus der Lauretanischen Litanei geläufig sind:

„An diesem Tag, da Maria in die Herrlichkeit
eingegangen ist,

feiern wir Jesus, unseren Erlöser.
Ehre sei dir, Herr, Ehre sei dir!

Durch Maria, die Arche des Bundes,
bist du gekommen, um unter uns zu wohnen.
Sie wohnt jetzt bei dir.

Durch Maria, den Spiegel der Gnade,
bist du gekommen, um uns den Vater zu offenbaren.
Sie schaut jetzt seinen Glanz.

Durch Maria, den Morgenstern,
bist du gekommen, deinen Tag anzukündigen.
Sie strahlt nun in seinem Licht.

Durch Maria, die Pforte des Himmels,
bist du gekommen, unsere Hoffnung zu erfüllen.
Sie geht uns heute vorauf in dein Reich."

Dank für Maria

Ein Gebet, in dem wir Gott für Maria danken, enthält eine Reihe von Anrufungen, die sich aus den Eigenschaften oder dem Verhalten Marias ergeben.

„Wir danken dir, o Gott": Das ist der Leitgedanke, der immer wiederholt wird.

„Wir danken dir,
- für deine demütige Magd;
  sie war aufmerksam und offen für dein Wort,
  Modell des Herzens, das hört;
- für die, die deinen Sohn zur Welt brachte,
  Mutter des neuen Menschen;
- für die, die über das Wachsen Jesu gewacht hat,
  mütterliche Gegenwart in der Kirche;

– für die, die am Fuß des Kreuzes stand,
Stärke der Bedrückten;

– für die, die du am Ostermorgen mit Freude erfüllt hast,
Hoffnung der Lebenden;

– für die, die du in den Himmel aufgenommen hast zu deinem Sohn,
Hilfe der Sterbenden."

„Modell des Herzens, das hört"
Die Heilige Schrift weiß um das in sich verkrampfte, verfettete, ja sogar das versteinerte Herz.
Wir hören die Mahnung: „Öffnet die Ohren eures Herzens!" Das tägliche Glaubensbekenntnis Israels beginnt mit dem Wort: „Höre, Israel!"
Ein Herz, das hört: „Wenn ich Gottes Wort mit dem Ohr meines Herzens höre, dann kann mir darin Gottes Herz aufgehen" (Anselm Grün).
„Modell des Herzens, das hört": Maria nimmt das Wort Gottes auf und bewahrt es in ihrem Herzen. Das Wort im Herzen bewahren bedeutet: „es in mein Herz fallen lassen, es mit dem Herzen schmecken und kosten; es durchdringt meine Emotionen und bewirkt dort Gefühle des Angerührtseins, der Freude und des Vertrauens. Ich muss das Wort Gottes in meinem Herzen aufklingen lassen, dass es mit seinem Klang meinen Leib und meine Seele froh macht und heilt" (Anselm Grün). Die Antwort Marias auf das Wort Gottes ist das Magnificat.

„Mutter des neuen Menschen"
Paulus sieht eine Parallele zwischen Adam und Christus: „Adam, der Erste Mensch, wurde ein irdisches Lebewesen. Der Letzte Adam wurde lebendig machender Geist. Aber zuerst kommt nicht das Über-

irdische; zuerst kommt das Irdische, dann das Überirdische. Der Erste Mensch stammt von der Erde und ist Erde; der Zweite Mensch stammt vom Himmel. Wie der von der Erde irdisch war, so sind es auch seine Nachfahren. Und wie der vom Himmel himmlisch ist, so sind es auch seine Nachfahren. Wie wir nach dem Bild des Irdischen gestaltet wurden, so werden wir auch nach dem Bild des Himmlischen gestaltet werden" (1 Kor 15,45–49).
Paulus erinnert die Christen daran: „Ihr habt den alten Menschen mit seinen Taten abgelegt und seid zu einem neuen Menschen geworden, der nach dem Bild seines Schöpfers erneuert wird, um ihn zu erkennen" (Kol 3,9).
Deshalb mahnt Paulus: „Legt den alten Menschen ab, der in Verblendung und Begierde zugrunde geht, ändert euer früheres Leben und erneuert euren Geist und Sinn! Zieht den neuen Menschen an, der nach dem Bild Gottes geschaffen ist in wahrer Gerechtigkeit und Heiligkeit" (Eph 4,22–24).
In dieser Neuheit des Lebens wird Maria, die Mutter des neuen Menschen, auch unsere Mutter sein.

„Mütterliche Gegenwart in der Kirche"
Jesus hat seiner Mutter unter dem Kreuz seine Kirche anvertraut. Maria ist die Mutter der Kirche. Ihre mütterliche Sorge bleibt auch in der Kirche lebendig.
Papst Johannes Paul II. weist in seinem Weltrundschreiben „Redemptoris Mater" vom 25. März 1987 auf die marianische Dimension der Kirche im Bild der Mutter hin. Wie Maria, so wird auch die Kirche Mutter durch die gläubige Annahme des Wortes Gottes. Sie versteht das Geheimnis ihres Lebens und ihrer Sendung nach dem Beispiel der Mutter des Sohnes, der „der Erstgeborene von vielen Brüdern" ist (Röm 8,29). Die Kirche lernt von Maria ihre eigene Mutter-

schaft. Doch „die Mutterschaft der Kirche verwirklicht sich nicht nur nach dem Vorbild und dem Typus der Mutter Gottes, sondern auch durch ihre ‚Mitwirkung'. Die Kirche *schöpft* in reichem Maße aus dieser Mitwirkung, das heißt aus dieser besonderen *mütterlichen Vermittlung*" (Nr. 44).
Die geistige Mutterschaft Marias entspringt tief im Ostergeheimnis des Erlösers der Welt: „Es ist eine Mutterschaft in der Gnadenordnung, weil sie die Gabe des Heiligen Geistes erfleht, der die neuen, durch das Opfer Christi erlösten Kinder Gottes zum Leben erweckt: jener Geist, den zusammen mit der Kirche auch Maria am Pfingsttag empfangen hat. Diese ihre Mutterschaft wird vom christlichen Volk in besonderer Weise wahrgenommen und erlebt bei der heiligen Eucharistie, bei der liturgischen Feier des Erlösungsgeheimnisses, in der Christus in seinem wahren, aus der Jungfrau geborenen Leib gegenwärtig wird" (Nr. 44).

„Stärke der Bedrückten"

Diese Anrufung ist verwandt mit dem Titel: „Consolatrix Afflictorum" – „Trösterin der Betrübten". Das, was Menschen bedrückt, kann vielerlei Ursachen haben: Bedrängnis von außen, Verfolgung, Verachtung, Verkennung. Es können Krankheiten und Unglück sein, Unfriede, Angst vor der Zukunft, Angst vor dem Leben. In all diesen Situationen finden Menschen, die leiden und an ihrem Kreuz tragen, den Weg zu Maria, um bei ihr Trost zu finden.

„Hoffnung der Lebenden"

Jesus lebt. Das Evangelium berichtet nichts darüber, wann Maria die Botschaft von der Auferstehung erfahren hat oder ob der Auferstandene ihr gar persönlich begegnet ist. Wir finden sie nach der Himmelfahrt des Herrn im Kreis der Jünger. Mit ihnen freut sie sich, dass Jesus lebt. Wir grüßen sie mit dem Lied: „Freu dich, du Himmelskönigin, freu dich, Maria! Freu dich, das Leid ist all dahin. Halleluja. Bitt Gott für uns, Maria."

„Hilfe der Sterbenden"
Maria hat das ewige Ziel bei Gott erreicht. Er hat sie mit Leib und Seele aufgenommen in die Herrlichkeit des Himmels. Dort vergisst sie uns nicht. In der Stunde unseres Todes ist sie unsere Fürbitterin. Wir bitten sie: „Heilige Maria, Mutter Gottes, bitte für uns Sünder jetzt und in der Stunde unseres Todes."
Wir sind noch auf dem Weg zu unserem ewigen Ziel. Auf diesem Weg grüßen wir Maria, die uns vorangegangen ist, und tragen ihr unsere Bitten vor:

„Sei gegrüßt, o Königin,
Mutter der Barmherzigkeit;
unser Leben, unsre Wonne
und unsre Hoffnung, sei gegrüßt!
Zu dir rufen wir, verbannte Kinder Evas;
zu dir seufzen wir
trauernd und weinend in diesem Tal der Tränen.
Wohlan denn, unsre Fürsprecherin,
wende deine barmherzigen Augen uns zu,
und nach diesem Elend zeige uns Jesus,
die gebenedeite Frucht deines Leibes.
O gütige, o milde, o süße Jungfrau Maria."

Dank, „weil sie unsere Mutter ist"

Am Gedenktag Unserer Lieben Frau auf dem Berg Karmel preisen wir Gott und danken ihm für Maria. Wir schauen auf sie in sieben Bildern:

Wir sehen Maria im Bild der Verkündigung. Der Engel des Herrn bringt ihr die Botschaft, dass sie Mutter seines Sohnes werden soll. Maria antwortet auf den Ruf Gottes: „Ich bin die Magd des Herrn; mir geschehe, wie du es gesagt hast" (Lk 1,38).
Wir danken Gott für die Demut der Jungfrau Maria und dafür, dass sie auf sein Wort hört.

Das nächste Bild zeigt uns Maria, die über die Berge Judäas zu ihrer Verwandten Elisabet geeilt ist. Elisabet spricht, vom Heiligen Geist erfüllt: „Gesegnet bist du mehr als alle anderen Frauen und gesegnet ist die Frucht deines Leibes. Wer bin ich, dass die Mutter meines Herrn zu mir kommt? In dem Augenblick, als ich deinen Gruß hörte, hüpfte das Kind vor Freude in meinem Leib. Selig ist die, die geglaubt hat, dass sich erfüllt, was der Herr ihr sagen ließ" (Lk 1,42–45). Maria antwortet darauf mit dem Magnificat, dem Preislied auf die Größe Gottes.
Wir danken Gott für Jesus, die Frucht des Heiligen Geistes, die in Maria reift, und für die Freude, die sie erfüllt und die sie anderen bringt.

Im dritten Bild sehen wir Maria an der Krippe. Sie hat ihren Sohn geboren und ihn in die Krippe gelegt. Der Engel des Herrn verkündet den Hirten, was geschehen ist: „Fürchtet euch nicht, denn ich verkünde euch eine große Freude, die dem ganzen Volk zuteil werden soll: Heute ist euch in der Stadt Davids der Retter geboren; er ist der Messias, der Herr. Und das soll euch als Zeichen dienen: Ihr werdet ein Kind finden, das, in Windeln gewickelt, in einer Krippe liegt" (Lk 2,10–12).
Wir danken Gott für das Kind, das Maria in ihrem Schoß getragen und das sie in die Krippe gelegt hat.

Dem religiösen Brauch entsprechend bringen Josef und Maria das Kind nach Jerusalem hinauf, um es dem Herrn zu weihen. Im Tempel kommt es zur Begegnung mit Simeon und Hanna. Simeon preist das Kind als Heil, das Gott allen Völkern bereitet hat, als ein Licht, das die Heiden erleuchtet, und Herrlichkeit für sein Volk Israel (vgl. Lk 2,30–32).
Wir danken Gott für die Darbringung des Kindes im Tempel und für den Gehorsam Marias gegenüber dem Gesetz.

Das Bild von der Hochzeit zu Kana zeigt uns Maria inmitten der Festgesellschaft. Aufmerksam nimmt sie die Verlegenheit der Brautleute wahr; still weist sie Jesus darauf hin und sagt den Wasserträgern: „Was er euch sagt, das tut!" (Joh 2,5).
Wir danken Gott für die Gegenwart Marias in Kana, für ihre wache Aufmerksamkeit und für ihre stille Bitte.

Maria steht unter dem Kreuz. In der Todesstunde ist sie wieder bei ihrem Sohn. Sie trägt sein Leiden mit.
Wir danken Gott für den standhaften Glauben Marias, der sich in der Prüfung bewährt, und für ihre Stärke unter dem Kreuz.

Die Evangelien berichten nichts über eine Begegnung Jesu nach seiner Auferstehung mit seiner Mutter. Auch Paulus erwähnt bei der Aufzählung der Personen, denen Jesus nach seiner Auferstehung erschienen ist, seine Mutter nicht. Dennoch nimmt die Frömmigkeitsüberlieferung an, dass auch Maria zum Kreis derer gehört, denen Jesus nach seiner Auferstehung begegnet ist. Wie immer es gewesen ist: Auf jeden Fall wird sie schon bald von den ersten Zeugen der Auferstehung die Osterbotschaft erfahren haben.

Wir danken Gott für die Freude Marias am Ostermorgen.

In sieben Bildern schauen wir auf Maria im Leben Jesu. Sie laden uns ein, Gott für Maria zu danken. Wir danken ihm für alles, was er an Maria gewirkt hat und was in ihrem Leben geschehen ist. Für all das danken wir ihm „und weil sie unsere Mutter ist". In diesen Worten gipfelt unser Dank.

(Grundtext im französischen „Magnificat")

Mutter der Kinder Gottes

„O Jungfrau, vom Vater erwählt, die Mutter seines Sohnes zu sein, sei auch die Mutter aller Kinder Gottes!"

Der Apostel Paulus schreibt im Brief an die Römer: „Denn alle, die sich vom Geist Gottes leiten lassen, sind Söhne Gottes. Denn ihr habt nicht einen Geist empfangen, der euch zu Sklaven macht, so dass ihr euch immer noch fürchten müsstet, sondern ihr habt den Geist empfangen, der euch zu Söhnen macht, den Geist, in dem wir rufen: Abba, Vater! So bezeugt der Geist selber unserem Geist, dass wir Kinder Gottes sind. Sind wir aber Kinder, dann auch Erben; wir sind Erben Gottes und sind Miterben Christi, wenn wir mit ihm leiden, um mit ihm auch verherrlicht zu werden" (Röm 8,14–17).
Als Kinder Gottes, die als Schwestern und Brüder mit Christus verbunden sind, dürfen wir Maria bitten, auch unsere Mutter zu sein. Sie trägt in mütterlicher Liebe Sorge um die Brüder und Schwestern, die auf dem Weg zur ewigen Heimat sind.

Das Gebet, das Papst Johannes Paul II. bei seinem Besuch in Kevelaer 1987 am Gnadenbild der Trösterin der Betrübten sprach, empfiehlt alle der mütterlichen Liebe und Fürsprache Mariens:

„Sei gegrüßt, Jungfrau Maria,
Mutter unseres Erlösers,
Mutter der Kirche und unsere Mutter!

Als Pilger zu diesem Gnadenort Kevelaer
reihe ich mich ein in die Schar der ungezählten Gläubigen,
die hier vor deinem Bild dein Lob gesungen haben.
So erfüllt sich auch durch uns das Wort der Schrift:
‚Von nun an werden mich selig preisen alle Geschlechter.'

Mit dir preisen wir unseren Herrn und Gott,
der auf die Niedrigkeit der Menschen schaut
und Großes für uns getan hat
durch den Tod und die Auferstehung seines Sohnes.

Mit allen Pilgern, die sich mit meinem Gebet vereinen,
rufe ich dich an als unsere Hoffnung und Quelle des Trostes.
Maria, Trösterin der Betrübten, bitte für uns.
Deiner mütterlichen Liebe und Fürsprache empfehle ich heute alle,
die sich voll Zuversicht an dich wenden.

Zu dir kommen die Gesunden und Glücklichen;
erhalte in ihnen Freude und Dankbarkeit
und mache sie empfänglich und hilfsbereit
für die Not ihrer Mitmenschen nah und fern.

Zu dir kommen die Kranken;
sie beten um Gesundheit der Seele und des Leibes.
Hilf ihnen, ihr Leid zu tragen;

lindere ihre Schmerzen
und erbitte ihnen darin Trost und Heil.

Zu dir gehen die Blicke der Einsamen und Verlassenen,
vor dir weinen die Trauernden.
Lass sie erfahren,
dass du unter dem Kreuz unsere Mutter geworden bist
und vor allem denen mütterlich nahe bist,
die deiner Hilfe besonders bedürfen.

Vor dir stehen die jungen Menschen,
die in das Leben hineingehen.
Leuchte ihnen als heller Stern in den Dunkelheiten der Pilgerschaft,
dass sie nicht abirren vom Weg des Glaubens.

Vor dir stehen die Menschen in der Mitte des Lebens;
lass sie nicht mutlos werden,
stärke sie in ihren täglichen Aufgaben
und führe sie immer tiefer in die Nachfolge deines Sohnes.

Vor dir stehen die Alten, die wissen,
dass sich ihr Weg durch dieses Erdental dem Ende zuneigt.
Mit ihnen beten wir: Heilige Maria,
zeige uns nach diesem Elende Jesus,
die gebenedeite Frucht deines Leibes.
O gütige, o milde, o süße Jungfrau Maria.

Deinem mütterlichen Schutz empfehlen wir zugleich
die ganze Kirche in diesem Land und aller Welt:
die Bischöfe, Priester und Ordensleute,
die Alleinstehenden, die Familien und die Pfarrgemeinden.

Mögen alle Christen wachsen in Glaube, Hoffnung und Liebe.

Mache sie zu glaubwürdigen Zeugen deines Sohnes,
seiner befreienden Wahrheit und erlösenden Liebe,
in der allen Menschen guten Willens ewiges Heil
verheißen ist.

Mutter des ewigen Wortes,
lehre uns, Christus entgegenzugehen,
unserem wiederkommenden Herrn und Retter,
in dessen seliger Gemeinschaft du lebst
und für uns eintrittst
jetzt und alle Tage und in Ewigkeit.
Amen."

In Gottes Einsatz für die Menschen

Die Marienverehrung lädt uns ein, das Leben Marias zu betrachten. Dabei sollen wir uns nicht nur mit ihr und über sie freuen und Gott danken, dass er sie uns geschenkt hat. Ein Gebet nennt kurz und treffend ein anderes, wesentliches Ziel der Marienverehrung: „Wir bitten Gott, dass er uns durch die Betrachtung des Lebens Marias die Kraft gebe, uns ganz in seinen Dienst zu stellen und unser Leben unaufhörlich einzusetzen für das Heil der Menschen."
Wir können diese doppelte Perspektive auch zusammenfassen in dem Wort von Hans Urs von Balthasar: „In Gottes Einsatz für die Menschen leben."
Maria hat den Einsatz Gottes für die Menschen wesentlich mitgetragen. Sie hat Ja gesagt zum Heilsplan Gottes. So ist sie zur Mutter seines Sohnes geworden. Von ihm bekennen wir im Glaubensbekenntnis: „Für uns Menschen und zu unserem Heil ist er vom Himmel gekommen, hat Fleisch angenommen durch den Heiligen Geist von der Jungfrau Maria und ist Mensch geworden."

Maria lebt im Einsatz Gottes für die Menschen. Die Marienverehrung lässt uns auf ihren Glauben, ihre Hoffnung und ihre Liebe schauen. Deshalb beten wir zu Beginn des Rosenkranzes, der uns ihr Bild vor Augen stellt und uns gleichsam an ihrer Hand in die Geheimnisse Jesu Christi und unseres Heils hineinführt, dass er, Jesus, unseren Glauben mehre, unsere Hoffnung stärke und unsere Liebe entzünde.
Ein Gebet in einer Marienmesse lässt uns sprechen: „Gütiger Gott, beim Gedenken an die selige Jungfrau Maria haben wir das heilige Sakrament empfangen. Hilf uns, nach dem Beispiel ihres Glaubens und ihrer Liebe so zu leben, dass auch wir dem Werk der Erlösung dienen."
Auch die Weihe an Maria lässt sich von diesen Gedanken her deuten. Wenn wir uns Maria weihen, wollen wir uns unter ihrem Schutz ganz in den Dienst Gottes stellen und unser Leben einsetzen für das Heil der Menschen. Wir wollen nach dem Beispiel Marias und unter ihrem Schutz den Einsatz Gottes für die Menschen an unserer Stelle und mit unseren Kräften und Möglichkeiten mittragen.

Maria im Heilsplan Gottes

Frau im Lichte Gottes

Ein Hymnus im französischen „Magnificat" am Gedenktag der Weihe der Basilika Santa Maria Maggiore in Rom lässt uns Maria im Lichte Gottes sehen. In fünf Strophen wird Maria angesprochen. Die Strophen sind kunstvoll aufgebaut. Sie zeigen Maria im Heilsplan Gottes und in ihrer Bedeutung für uns:

„Frau, von Gott gewollt
als sein vollkommenes Werk,
in der das Geschenk seiner Liebe
ruhen sollte.
Du jubelst voll Freude
angesichts der Verheißungen des Lebens:
Die Armen werden in deinem Kind
Volk von Priestern sein,
Kinder des Allerhöchsten.

Frau, von Gott erfüllt
mit Weisheit und Gnade,
um unter uns
Abglanz seiner Güte zu sein.
Du offenbarst den,
der den Durst löscht:
Christus hat für dich
neuen Wein
in Überfülle fließen lassen.

Frau, von Gott geführt
in der Wüste der Prüfung,

wo unserer Hoffnung
die Kraft eines Haltes fehlt.
Siehst du uns wanken
unter dem Gewicht des Kreuzes:
Dein unerschütterlicher Glaube
stützt unsere Schwachheit
und führt uns.

Frau, von Gott geschenkt
der werdenden Kirche,
die brennt, das Wehen des Geistes
aufzunehmen.
Dein Schweigen bietet uns
einen Raum des Friedens:
In dir hören wir die Quelle,
die im Grunde der Herzen
leise rauscht.

Frau, von Gott bekleidet
mit einem Mantel von Licht.
Wenn der Schatten des Todes
sich über das All ausbreitet,
erleuchtest du den Weg
des Reiches der Himmel:
Dienerin des Herrn,
du herrschest in der Herrlichkeit
mit deinem Sohn."

Frau, von Gott gewollt

„Frau, von Gott gewollt
als sein vollkommenes Werk,
in der das Geschenk seiner Liebe
ruhen sollte.
Du jubelst voll Freude
angesichts der Verheißungen des Lebens:

Die Armen werden in deinem Kind
Volk von Priestern sein,
Kinder des Allerhöchsten."

Der Beginn des Epheser-Briefes ist ein Lobpreis auf den Heilsplan Gottes (Eph 1,3–14). In Jesus Christus hat er uns erwählt vor der Erschaffung der Welt, damit wir heilig und untadelig seien vor Gott.
Maria hat eine besondere Stellung im Heilsplan Gottes: „Als aber die Zeit erfüllt war, sandte Gott seinen Sohn, geboren von einer Frau und dem Gesetz unterstellt, damit er die freikaufe, die unter dem Gesetz stehen, und damit wir die Sohnschaft erlangen" (Gal 4,4–5).
Maria steht von Beginn an im Lichte Gottes. Er hat sie erwählt, Mutter des Erlösers zu werden. Sie ist sein vollkommenes Werk, in dem Jesus, das Geschenk seiner Liebe, ruhen sollte. Am Hochfest der ohne Erbsünde empfangenen Jungfrau und Gottesmutter Maria beten wir: „Großer und heiliger Gott, im Hinblick auf den Erlösertod Christi hast du die selige Jungfrau Maria schon im ersten Augenblick ihres Daseins vor jeder Sünde bewahrt, um deinem Sohn eine würdige Wohnung zu bereiten."
Maria wird Trägerin der Verheißungen des Lebens. Jesus sagt von sich: „Denn wie der Vater das Leben in sich hat, so hat er auch dem Sohn gegeben, das Leben in sich zu haben" (Joh 5,26).
Maria jubelt vor Freude angesichts der Verheißung des Lebens. Sie antwortet ihrer Verwandten Elisabet, die sie mit den Worten grüßt: „Gesegnet bist du mehr als alle anderen Frauen und gesegnet ist die Frucht deines Leibes" (Lk 1,42):

„Meine Seele preist die Größe des Herrn,
und mein Geist jubelt über Gott, meinen Retter.

Denn auf die Niedrigkeit seiner Magd hat er
geschaut.
Siehe, von nun an preisen mich selig alle
Geschlechter."
(Lk 1,46–48)

Die Botschaft des Lebens gilt in besonderer Weise den Armen und Kleinen. Der Mächtige, der Großes an Maria getan hat,

„zerstreut, die im Herzen voll Hochmut sind;
er stürzt die Mächtigen vom Thron
und erhöht die Niedrigen.
Die Hungernden beschenkt er mit seinen Gaben
und lässt die Reichen leer ausgehen."
(Lk 1,51–53)

Die Armen werden in Jesus, dem Sohn Marias, ein Volk von Priestern sein, Kinder des Allerhöchsten: „Gott hat uns aus Liebe im Voraus dazu bestimmt, seine Söhne zu werden durch Jesus Christus und nach seinem gnädigen Willen zu ihm zu gelangen, zum Lob seiner herrlichen Gnade" (Eph 1,5–6).

Frau, von Gott erfüllt

„Frau, von Gott erfüllt
mit Weisheit und Gnade,
um unter uns
Abglanz seiner Güte zu sein.
Du offenbarst den,
der den Durst löscht:
Christus hat für dich
neuen Wein
in Überfülle fließen lassen."

Der Engel Gabriel grüßt Maria mit den Worten: „Sei gegrüßt, du Begnadete, der Herr ist mit dir." Die Kirche hat diesen Gruß in ihr Gebet aufgenommen: „Gegrüßet seist du, Maria, voll der Gnade, der Herr ist mit dir."

Von Maria heißt es in unserem Lied, dass sie von Gott mit Weisheit erfüllt ist. Weisheit ist die Gabe des Geistes, Geschmack zu haben an Gott (sapientia – sapere: schmecken, Geschmack haben) und die Welt im Lichte Gottes zu sehen. In einer Anrufung der Lauretanischen Litanei nennen wir Maria den Sitz der Weisheit (sedes sapientiae). Wir bitten sie um ihre Fürsprache, dass Gottes Geist auch uns Geschmack an Gott gebe, damit wir die Welt im Lichte Gottes sehen.

Maria ist von Gott mit Weisheit und Gnade erfüllt, um unter uns Abglanz seiner Güte zu sein. In Jesus Christus ist die Güte und Menschenfreundlichkeit Gottes, unseres Retters, erschienen (vgl. Tit 3,4). Ein Abglanz der Güte Gottes leuchtet auf in Maria. Die Evangelien berichten an zwei Stellen von einer Initiative Marias. Sie macht sich auf, ihrer Verwandten Elisabet zu helfen. Sie sieht die Verlegenheit der Brautleute in Kana und macht ihren Sohn darauf aufmerksam mit der unausgesprochenen Bitte zu helfen. Beide Initiativen sind Zeugnis der Güte und Menschenfreundlichkeit Marias.

Bei der Hochzeit in Kana offenbart Maria Jesus, ihren Sohn, als den, der den Durst löscht. Jesus wird der samaritischen Frau, die ihm auf seine Bitte Wasser aus dem Jakobsbrunnen schöpft, sagen: „Wer von diesem Wasser trinkt, wird wieder Durst bekommen; wer aber von dem Wasser trinkt, das ich ihm geben werde, wird niemals mehr Durst haben; vielmehr wird das Wasser, das ich ihm gebe, in ihm zur sprudelnden Quelle werden, deren Wasser ewiges Leben schenkt" (Joh 4,13–14).

Jesus hat auf der Hochzeit in Kana Wasser in Wein verwandelt. Von diesem Wunder heißt es im Johannes-Evangelium: „So tat Jesus sein erstes Zeichen, in Kana in Galiläa, und offenbarte seine Herrlichkeit und seine Jünger glaubten an ihn" (Joh 2,11).
Unser Lied sagt im Hinblick auf Maria: „Christus hat für dich neuen Wein in Überfülle fließen lassen." Jesus, der den Durst der Menschen löscht, hat gleichsam als Geschenk für Maria neuen Wein in Überfülle fließen lassen.

Wein und erst recht die Überfülle neuen Weines kann ein Bild sein für das Lebendige, Erfrischende, Begeisternde unseres Glaubens. Manchmal scheint es, es ginge unserem kirchlichen Leben der Wein aus, ja als hätten wir nicht einmal mehr genügend Wasser, die Grundsubstanz des Lebens. Könnte Jesus nicht auch heute gleichsam als Geschenk für Maria neuen Wein in Überfülle fließen lassen? Maria kann auch heute Jesus als den offenbaren, der den Durst löscht. Wir können sie um ihre Vermittlung, um ihre Fürsprache bitten.

Frau, von Gott geführt

„Frau, von Gott geführt
in der Wüste der Prüfung,
wo unserer Hoffnung
die Kraft eines Haltes fehlt.
Siehst du uns wanken
unter dem Gewicht des Kreuzes:
Dein unerschütterlicher Glaube
stützt unsere Schwachheit
und führt uns."

Maria ist in ihrem Leben von Gott geführt worden. Hat auch sie die Wüste der Prüfung gekannt?
Maria und Josef brachten Jesus zum Tempel nach Jerusalem, um ihn dem Herrn zu weihen. „Dort sollte er Gott zu Füßen gelegt werden", übersetzt Klaus Berger. Der greise Simeon, der ihnen im Tempel begegnet, segnet sie und sagt zu Maria: „Dieser ist dazu bestimmt, dass in Israel viele durch ihn zu Fall kommen und viele aufgerichtet werden, und er wird ein Zeichen sein, dem widersprochen wird. Dadurch sollen die Gedanken vieler Menschen offenbar werden. Dir selbst aber wird ein Schwert durch die Seele dringen" (Lk 2,34–35).
Als Jesus zwölf Jahre alt war, wallfahrtete er mit den Eltern nach Jerusalem. Auf dem Rückweg war er verloren gegangen. Nach drei Tagen fanden Maria und Josef ihn im Tempel: „Als seine Eltern ihn sahen, waren sie sehr betroffen und seine Mutter sagte zu ihm: Kind, wie konntest du uns das antun? Dein Vater und ich haben dich voll Angst gesucht. Da sagte er zu ihnen: Warum habt ihr mich gesucht? Wusstet ihr nicht, dass ich in dem sein muss, was meinem Vater gehört? Doch sie verstanden nicht, was er damit sagen wollte" (Lk 2,48–50).
Die Ablehnung Jesu in seiner Heimat Nazaret, die so weit ging, dass man ihn vom Abhang des Berges hinabstürzen wollte, wird Maria tief getroffen haben (vgl. Lk 4,16–30).
Maria und ihre Familie hören vom öffentlichen Wirken Jesu. Ob sie seinetwegen in Sorge sind? Das Evangelium berichtet: „Da kamen seine Mutter und seine Brüder; sie blieben vor dem Haus stehen und ließen ihn herausrufen. Es saßen viele Leute um ihn herum und man sagte zu ihm: Deine Mutter und deine Brüder stehen draußen und fragen nach dir. Er erwiderte: Wer ist meine Mutter und wer sind meine

Brüder? Und er blickte auf die Menschen, die im Kreis um ihn herum saßen, und sagte: Das hier sind meine Mutter und meine Brüder. Wer den Willen Gottes erfüllt, der ist für mich Bruder und Schwester und Mutter" (Mk 3,31–35).

Auch Maria hat die Wüste der Prüfung kennen gelernt. In der Todesstunde Jesu ist sie ihrem Sohn nahe. Sie steht unter dem Kreuz. Sein Leiden und sein Tod sind eine schwere Prüfung für sie. Doch sie glaubt an ihren Sohn.

Unser Lied weiß um unsere menschliche Schwachheit. Unser Leben kennt immer wieder Wüstenzeiten der Prüfung. Unserer Hoffnung fehlt die Kraft eines Haltes. Unter dem Gewicht des Kreuzes, das uns das Leben auferlegt, geraten wir ins Wanken. In dieser Situation können wir unseren Blick auf Maria richten und sie bitten, uns zur Seite zu stehen, damit unser Glaube nicht schwinde und unsere Hoffnung nicht zusammenbreche.

Maria ist mit uns auf dem Weg des Glaubens und der Hoffnung. Gott hat sie auf ihrem Weg geführt. Wir bitten sie, dass sie uns auf unserem Weg Hilfe und Schutz sei.

Frau, von Gott geschenkt

„Frau, von Gott geschenkt
der werdenden Kirche,
die brennt, das Wehen des Geistes
aufzunehmen.
Dein Schweigen bietet uns
einen Raum des Friedens:
In dir hören wir die Quelle,
die im Grunde der Herzen
leise rauscht."

„Dein Schweigen bietet uns einen Raum des Friedens": Ein geheimnisvolles Wort, das zur Besinnung einlädt.

Das Evangelium berichtet nicht viele Worte Marias. Nach dem Wunder von Kana zu Beginn des öffentlichen Wirkens Jesu hören wir kein Wort mehr von ihr. Dennoch ist sie da. Sie steht schweigend unter dem Kreuz. Auch nach der Auferstehung Jesu hören wir von ihr kein Wort. Doch sie ist da, schweigend inmitten der Jünger (vgl. Apg 1, 14).

Maria hat sich dem Wirken des Geistes geöffnet, als der Engel ihr die Botschaft brachte, Mutter des Erlösers zu werden. Der Pfingsttag zeigt sie inmitten der werdenden Kirche, die das Kommen des Geistes erwartet und von seiner Kraft erfüllt wird. Maria ist ein Geschenk Gottes an die werdende Kirche. Sie ist ein bleibendes Geschenk an die Kirche für alle Zeit. Die um Maria versammelte Kirche öffnet sich dem Heiligen Geist. Danken wir Gott für dieses Geschenk?

„Dein Schweigen bietet uns einen Raum des Friedens": Wir müssen dieses Wort im Zusammenhang mit dem Folgenden hören: „In dir hören wir die Quelle, die im Grunde der Herzen leise rauscht."

Das Schweigen Marias lädt ein zur Stille und zur Besinnung. Im Schweigen und in der Stille hören wir gleichsam mit Maria in ihr Herz hinein. Von ihr heißt es: „Maria aber bewahrte alles, was geschehen war, in ihrem Herzen und dachte darüber nach" (Lk 2, 19). Wenn wir mit Maria in ihr Herz hineinhören, hören wir das leise Rauschen der Quelle des Heils. Maria lädt uns ein, auch in unser Herz hineinzuhorchen. Auch in unserem Herzen können wir das leise Rauschen der Quelle des Heils vernehmen: „... denn die Liebe Gottes ist ausgegossen in unsere Herzen durch den Heiligen Geist, der uns gegeben ist" (Röm 5, 5).

Das Bild von der leise rauschenden Quelle auf dem Grund der Herzen lässt uns an das Wort Jesu denken, das er beim Laubhüttenfest in Jerusalem gesprochen hat: „Wer Durst hat, komme zu mir, und es trinke, wer an mich glaubt. Wie die Schrift sagt: Aus seinem Inneren werden Ströme von lebendigem Wasser fließen. Damit meinte er den Geist, den alle empfangen sollten, die an ihn glauben" (Joh 7,37–39).

Frau im Mantel von Licht

„Frau, von Gott bekleidet
mit einem Mantel von Licht.
Wenn der Schatten des Todes
sich über das All ausbreitet,
erleuchtest du den Weg
des Reiches der Himmel:
Dienerin des Herrn,
du herrschest in der Herrlichkeit
mit deinem Sohn."

Erzbischof Dr. Werner Thissen berichtet in einer Morgenandacht von seinem Besuch auf der Expo 2000, der Weltausstellung in Hannover: „Besonders beeindruckt hat mich im Planet der Visionen eine Video-Installation. Auf einer Rolltreppe fährt man hinauf in das Jahr 2100. Begleitet wird man dabei von Lisa, einer sympathischen jungen Journalistin, die auf Bildschirmen Erklärungen abgibt. Je weiter man sich nun auf der Rolltreppe von der Gegenwart entfernt, desto älter wird Lisa auf dem Bildschirm. Wenn man mit der Rolltreppe das Jahr 2090 erreicht hat, ist aus dem jungen Mädchen eine Greisin geworden. Je mehr ich mich mit der Rolltreppe dem Jahr 2100 nähere, desto gespannter frage ich mich: Wie wird es wohl mit Lisa sein am Ende ihres Lebens? Nachdem Lisa auf dem vorletzten Bildschirm als sehr alte Frau ihren Text gesprochen hat, bleibt der letzte Bildschirm dunkel. Für das Ende des menschlichen Lebens hat die Weltausstellung keine Vision" (Werner Thissen, Expo und Credo, Morgenandachten im WDR vom 4. bis 9. September 2000, S. 6).

In Maria leuchtet uns die Vision unserer Zukunft auf, der Zukunft, die Gott uns schenkt. Sie verschwindet nicht von der Bildfläche. Gott hat sie mit Leib und Seele in die Herrlichkeit des Himmels aufgenommen. Wo der Schatten des Todes sich über das All ausbreitet, erleuchtet sie den Weg des Reiches der Himmel.

Gott hat sie bekleidet mit einem Mantel von Licht. Im Blick auf sie beten wir am Fest der Aufnahme Mariens in den Himmel: „Allmächtiger, ewiger Gott, du hast die selige Jungfrau Maria, die uns Christus geboren hat, vor aller Sünde bewahrt und sie mit Leib und Seele zur Herrlichkeit des Himmels erhoben. Gib, dass wir auf dieses Zeichen der Hoffnung und des Trostes schauen und auf dem Weg bleiben, der hinführt zu deiner Herrlichkeit. Darum bitten wir durch Jesus Christus, deinen Sohn, unseren Herrn und Gott, der mit dir lebt und herrscht in alle Ewigkeit. Amen."

Maria – Mittlerin

Springquell der Gnade und des Erbarmens

„Maria, du bist der Springquell der Gnade und des Erbarmens, entsprungen in göttlichen Höhen, sprudelnd für die ganze Menschheit."

Dieser Lobpreis Marias sieht sie in ihrer Stellung im Heilsplan Gottes für die Menschen.
Das Bild des Springquells lässt sich zunächst daraufhin deuten, dass Maria nach Gottes Willen zur Mutter des Erlösers berufen ist. Jesus, der aus göttlichen Höhen kommt – um im Bild zu bleiben –, wird durch sie der Welt als Heiland geboren. In ihm wird allen Menschen die Fülle der Gnade und des Erbarmens zuteil. Maria als Mutter kommt eine Mittlerstellung zu, wie sie mit dem Bild des Springquells beschrieben werden kann, der das Wasser aus der Höhe allen zugänglich macht.
Als Mutter des Erlösers hat Maria bleibende Bedeutung. Wir rufen sie an als „Mittlerin aller Gnaden". Was bedeutet das?
In der dogmatischen Konstitution über die Kirche sieht das Zweite Vatikanische Konzil die Mittlerschaft Marias eingebettet in ihre Mutterschaft: „Diese Mutterschaft Marias in der Gnadenökonomie dauert unaufhörlich fort, von der Zustimmung an, die sie bei der Verkündigung gläubig gab und unter dem Kreuz ohne Zögern festhielt, bis zur ewigen Vollendung aller Auserwählten. In den Himmel aufgenommen, hat sie diesen heilbringenden Auftrag nicht aufge-

geben, sondern fährt durch ihre vielfältige Fürbitte fort, uns die Gaben des ewigen Heils zu erwirken. In ihrer mütterlichen Liebe trägt sie Sorge für die Brüder ihres Sohnes, die noch auf der Pilgerschaft sind und in Gefahren und Bedrängnissen weilen, bis sie zur seligen Heimat gelangen. Deshalb wird die selige Jungfrau in der Kirche unter dem Titel der Fürsprecherin, der Helferin, des Beistandes und der Mittlerin angerufen. Das aber ist so zu verstehen, dass es der Würde und Wirksamkeit Christi, des einzigen Mittlers, nichts abträgt und nichts hinzufügt" (Nr. 62).

Um jedes Missverständnis des Titels „Mittlerin" im Blick auf Maria von vornherein abzuwehren, beginnt das Zweite Vatikanische Konzil seine Aussagen über „die selige Jungfrau Maria und die Kirche" mit den unmissverständlichen Worten: „Ein Einziger ist unser Mittler nach dem Wort des Apostels: ‚Es gibt nämlich nur einen Gott und nur einen Mittler Gottes und der Menschen, den Menschen Christus Jesus, der sich selbst als Erlösung für alle gegeben hat' (1 Tim 2,5–6). Marias mütterliche Aufgabe gegenüber den Menschen aber verdunkelt oder mindert diese einzige Mittlerschaft Christi in keiner Weise, sondern zeigt ihre Wirkkraft. Jeglicher heilsame Einfluss der seligen Jungfrau auf die Menschen kommt nämlich nicht aus irgendeiner sachlichen Notwendigkeit, sondern aus dem Wohlgefallen Gottes und fließt aus dem Überfluss der Verdienste Christi, stützt sich auf seine Mittlerschaft, hängt von ihr vollständig ab und schöpft aus ihr seine ganze Wirkkraft. Die unmittelbare Vereinigung der Glaubenden mit Christus wird dadurch aber in keiner Weise gehindert, sondern vielmehr gefördert" (Nr. 60).

Maria steht nicht in falscher Weise neben Jesus oder gar an seiner Stelle. Sie ist nicht die Quelle der Gnade in dem Sinn, wie Jesus es ist. Ihre Aufgabe im

Heilsplan hat dienenden Charakter. Die Mutter des Heilands hat eine mütterliche Aufgabe auch für uns. Ein altes Mariengebet, das schon um das Jahr 300 bekannt ist, bringt diesen Gedanken zum Ausdruck:

„Unter deinen Schutz und Schirm
fliehen wir, heilige Gottesmutter.
Verschmähe nicht unser Gebet in unseren Nöten,
sondern errette uns jederzeit aus allen Gefahren,
o du glorwürdige und gebenedeite Jungfrau,
unsere Frau, unsere Mittlerin, unsere Fürsprecherin.
Führe uns zu deinem Sohn,
empfiehl uns deinem Sohn,
stelle uns vor deinem Sohn."

Mutter Gottes – Mutter der Menschen

In einem Gebet heißt es:

„Niemand ist Gott näher als die Mutter der Menschen.
Niemand sorgt sich mehr um die Menschen als die Mutter Gottes."

Adam, der Vater der Menschen, „ist die Gestalt, die auf den Kommenden hinweist" (Röm 5,14). Jesus Christus ist der zweite Adam: „Da nämlich durch *einen* Menschen der Tod gekommen ist, kommt durch *einen* Menschen auch die Auferstehung der Toten. Denn wie in Adam alle sterben, so werden in Christus alle lebendig gemacht werden" (1 Kor 15,21–22). Neben Adam steht Eva: „Adam nannte seine Frau Eva (Leben), denn sie wurde die Mutter aller Lebendigen" (Gen 3,20). Die Parallele zwischen Adam und Christus führte schon in früher christlicher Zeit dazu, auch eine Parallele zwischen Eva und Maria zu sehen. Maria ist die neue Eva. Vor diesem Hintergrund nennt unser Wort Maria die Mutter der Menschen.

„Niemand ist Gott näher als die Mutter der Menschen“: Sie ist die Mutter des Sohnes Gottes. Wir dürfen sie mit dem Konzil von Ephesus (431) Mutter Gottes nennen. Niemand unter den Menschen ist Gott näher als Maria, die Mutter seines Sohnes.

„Niemand sorgt sich mehr um die Menschen als die Mutter Gottes“: Als Mutter Gottes bleibt Maria Mutter der Menschen. Sie ist Mensch, Mensch unter uns Menschen. Sie ist solidarisch mit uns Menschen. Sie hat offene Augen, offene Ohren und ein offenes Herz für uns, so wie sie bei der Hochzeit in Kana die Verlegenheit der Gastgeber erkannte und für sie bei ihrem Sohn eintrat.

Die Spannung oder besser die Faszination unseres Gebetswortes liegt darin, dass sich die Aussagen gleichsam überkreuzen. Wenn es heißen würde: „Niemand ist Gott näher als die Mutter Gottes. Niemand sorgt sich mehr um die Menschen als die Mutter der Menschen“, wäre diese Aussage in sich fraglos. Dies brauchte eigentlich gar nicht gesagt zu werden. Die Faszination des Wortes liegt darin, dass es Maria durch die Überkreuzung der Begriffe in ihrer Mittlerstellung sieht, nahe bei Gott und nahe bei den Menschen.

Als Mutter der Menschen ist Maria auch unsere Mutter. Es ist gut, dass unsere Mutter nahe bei Gott ist. Sie kann ihm unsere Anliegen vortragen. Sie tut es als Mutter Gottes, deren Wort bei ihm gilt.

Die Stellung Marias bei Gott und ihre Sorge für uns können uns froh machen. In dieser Freude wird das Gebetswort zugleich zu einem Dank an Gott für Maria und zu einer unausgesprochenen Bitte an Maria:

„Niemand ist Gott näher als die Mutter der
Menschen.
Niemand sorgt sich mehr um die Menschen als die
Mutter Gottes."

Bilder der Mittlerschaft

Maria wird „in der Kirche unter dem Titel der Fürsprecherin, der Helferin, des Beistandes und der Mittlerin angerufen. Das aber ist so zu verstehen, dass es der Würde und Wirksamkeit Christi, des einzigen Mittlers, nichts abträgt und nichts hinzufügt" (Zweites Vatikanisches Konzil, Dogmatische Konstitution über die Kirche, Nr. 62).
Ein äthiopischer Marienhymnus bringt diese Mittlerstellung Mariens in vielen Bildern zum Ausdruck:

„Jungfrau, Heilige, Gnadenvolle,
wenn ich auf die Hilfe deines Gebetes vertraue, weiß ich,
dass ich des Sieges Panzer anlege und der Herrschaft Schwert umgürte.

Ich bin durstig,
und du bist der goldene Krug,
und dein Sohn ist der Brunnen des Wassers des Lebens.

Ich bin der Kaufmann, der die Perle der Gottheit sucht,
und du bist das Schiff des Heiles,
und dein Sohn ist der Ort, an dem der Schatz aller Güter sich findet.

Ich eile über Abgründe, den Ort des Lichtes zu erreichen,

und du bist die Brücke,
und dein Sohn ist der Ort der Freude für die Bedrängten.

Ich bin ein Bittender,
und du bist die Stiege meines Gebetes,
und dein Sohn ist der Gewährer des Verlangens meines Herzens.

Ich bin verwundet,
und du bist das Gefäß der Arznei,
und dein Sohn ist der Arzt.

Ich bin nackt und verlange nach dem Mantel des Lichtes,
und du bist der Webstuhl,
und dein Sohn ist das Gewand des Glaubens, das nicht vermodert."

Stern des Advents

Stern des Advents: So grüßen wir Maria. Sie leuchtet im Licht des Kommenden, im Licht ihres Sohnes.
Wir feiern im Advent das „Hochfest der ohne Erbsünde empfangenen Jungfrau und Gottesmutter Maria". Im Volksmund sagen wir: „Fest der Unbefleckten Empfängnis Mariens". Beide Bezeichnungen bedürfen der Erklärung.
Der Begriff „Unbefleckte Empfängnis" ist leicht dem Missverständnis ausgesetzt, als ginge es um eine Aussage über das sittliche Verhalten der Eltern und aller Menschen im Vorgang der Zeugung und der Empfängnis neuen Lebens. Gemeint ist: Gott setzt in der Menschwerdung seines Sohnes einen neuen Anfang zu unserem Heil. Im Hinblick darauf, dass Maria die Mutter seines Sohnes werden soll, nimmt er sie von

Anfang an aus dem dunklen Geheimnis des Schuldzusammenhangs der Menschheit heraus und stellt sie in das Licht des Erlösers, in das Licht des Heils. Maria, der Stern des Advents, leuchtet im Licht ihres Sohnes.

Als Stern des Advents weist Maria hin auf das Kommende, auf den Kommenden. Die Liturgie der Adventszeit lässt uns die großen Bilder der Sehnsucht und der Hoffnung der Menschen schauen, mit denen die Propheten den Menschen Mut machen wollen: Die Wüste beginnt zu blühen; Schwerter werden zu Pflugscharen umgeschmiedet; das Lamm liegt bei der Bärin: Bilder der Hoffnung, die von der Sehnsucht nach Frieden, Freiheit und Menschlichkeit künden.

In Maria bekommt diese Hoffnung einen Namen: Jesus Christus. Für uns und um unseres Heiles willen ist er Mensch geworden. Daran erinnert uns der Advent. Er lebt und wird wiederkommen in Herrlichkeit, und seines Reiches wird kein Ende sein. Es ist, wie es in der Präfation des Christkönigsfestes heißt: „das Reich der Wahrheit und des Lebens, das Reich der Heiligkeit und der Gnade, das Reich der Gerechtigkeit, der Liebe und des Friedens".

Der Advent richtet unseren Blick auf den wiederkommenden Herrn und auf das Kommen seines Reiches. Maria ist der Stern, der uns auf den Tag der Wiederkunft des Herrn hinweist.

Das „Hochfest der ohne Erbsünde empfangenen Jungfrau und Gottesmutter Maria" ist ein Fest der Freude. Wir freuen uns über Maria. In ihrem Leben leuchtet auf, was auch uns verheißen und geschenkt wird. Das Licht Christi, in dem Maria leuchtet, ist das Licht auch unseres Lebens.

Stern des Advents: Wir bitten Maria, dass sie als guter Stern uns voranleuchtet auf dem Weg, dem kommenden Christus entgegen.

Madonna della stella

In der Nähe von Brescia in Italien gibt es ein Marienheiligtum, das der Madonna della stella geweiht ist: Maria, der Frau des Sternes.

„O Jungfrau des Lichtes, Stern am Himmel, lass den Glanz der Klarheit Gottes auf unsere Erde leuchten, o unsere Herrin."

Maria wird in diesem Lied als Jungfrau des Lichtes gepriesen. Sie steht im Licht der Gnade Gottes, schon von Anbeginn ihres Lebens an. Von ihr fällt Licht in unsere Welt und unser Leben.
Maria leuchtet im Licht Gottes. Gott hat sie mit Leib und Seele in die Herrlichkeit des Himmels aufgenommen. Am Fest der Aufnahme Mariens in den Himmel preisen wir sie im Eingangslied mit den Worten aus der Offenbarung des Johannes: „Ein großes Zeichen erschien am Himmel: Eine Frau, umgeben von der Sonne, den Mond unter ihren Füßen und einen Kranz von zwölf Sternen auf ihrem Haupt" (vgl. Offb 12,1).
„O Jungfrau des Lichtes, Stern am Himmel, lass den Glanz der Klarheit Gottes auf unsere Erde leuchten": Wir schauen in Maria das Bild der durch den Glanz der Klarheit Gottes verklärten Schöpfung. „Die Schöpfung ist der Vergänglichkeit unterworfen, nicht aus eigenem Willen, sondern durch den, der sie unterworfen hat; aber zugleich gab er ihr Hoffnung. Auch die Schöpfung soll von der Sklaverei und Verlorenheit befreit werden zur Freiheit und Herrlichkeit der Kinder Gottes" (Röm 8,20–21).
Das Licht der Gnade Gottes, in dem Maria vor uns leuchtet, fällt auch in unser Leben. Im Bild Marias sehen wir, was auch unsere Zukunft ist. Wie sie, so sollen auch wir teilhaben an der Fülle des Lebens,

das Gott verheißt. Sie, die Madonna della stella, leuchte uns auf unserem Weg.

Hoffnungsträgerin

„Maria, Freude der Kirche durch alle Zeit; du trägst die Hoffnung des Reiches: Christus lebt!"

Das Markus-Evangelium fasst die Botschaft Jesu in dem Wort zusammen: Jesus „verkündete das Evangelium Gottes und sprach: Die Zeit ist erfüllt, das Reich Gottes ist nahe. Kehrt um, und glaubt an das Evangelium!" (Mk 1,14–15).

Das Kommen des Reiches ist die Erfüllung der alttestamentlichen Hoffnung. Gott selbst wird kommen und sein Reich aufrichten. Das Reich Gottes, das Jesus verkündet, ist keine innerweltliche Größe, keine politische Zukunftsutopie. Wir können dieses Reich nicht errichten oder herbeizwingen. Doch Jesus lehrt uns, um das Kommen des Reiches zu beten: „Vater unser im Himmel, geheiligt werde dein Name. Dein Reich komme."

Die Botschaft vom Kommen des Reiches Gottes ist eine Heilsbotschaft. Jesus spricht von diesem Reich in vielen Gleichnissen. Er bindet das Kommen des Reiches an seine eigene Person. In seinem Wort, in seinem Werk, in seiner Gegenwart leuchtet es den Menschen auf: „Wenn ich aber die Dämonen durch den Finger Gottes austreibe, dann ist doch das Reich Gottes schon zu euch gekommen" (Lk 11,20).

Deshalb gilt das Wort Jesu: „Selig sind die, deren Augen sehen, was ihr seht. Ich sage euch: Viele Propheten und Könige wollten sehen, was ihr seht, und haben es nicht gesehen, und wollten hören, was ihr hört, und haben es nicht gehört" (Lk 10,23–24).

Die Kirche trägt „die Sendung, das Reich Christi und Gottes anzukündigen und in allen Völkern zu begründen. So stellt sie Keim und Anfang dieses Reiches auf Erden dar. Während sie allmählich wächst, streckt sie sich verlangend aus nach dem vollendeten Reich; mit allen Kräften hofft und sehnt sie sich danach, mit ihrem König in Herrlichkeit vereint zu sein" (Zweites Vatikanisches Konzil, Dogmatische Konstitution über die Kirche, Nr. 5).

In unserem Gebetswort heißt es von Maria: „Du trägst die Hoffnung des Reiches: Christus lebt!" Die Hoffnung des Reiches ist ihr Sohn. Wir danken Gott für ihn in der Präfation des Christkönigsfestes mit den Worten: „Du hast deinen eingeborenen Sohn, unseren Herrn Jesus Christus, mit dem Öl der Freude gesalbt zum ewigen Priester und zum König der ganzen Schöpfung. Als makelloses Lamm und friedenstiftendes Opfer hat er sich dargebracht auf dem Altar des Kreuzes, um das Werk der Erlösung zu vollziehen. Wenn einst die ganze Schöpfung seiner Herrschaft unterworfen ist, wird er dir, seinem Vater, das ewige, alles umfassende Reich übergeben: das Reich der Wahrheit und des Lebens, das Reich der Heiligkeit und der Gnade, das Reich der Gerechtigkeit, der Liebe und des Friedens."

Maria hat die Hoffnung dieses Reiches getragen. Sie ist Hoffnungsträgerin des Reiches Gottes. Deshalb ist sie die Freude der Kirche durch alle Zeit.

Teilhaben an der Freude Marias

„Mutter des Erlösers, gib uns Teil an deiner Freude! Am Anfang hast du mit einem Lied seine Geburt angekündigt. Am Ende werden wir tanzen zum Lied seiner Liebe."

Den Hirten auf den Feldern Betlehems verkündete der Engel des Herrn die Geburt des Messias als eine große Freude, die dem ganzen Volk zuteil werden soll. Der Chor der Engel bestätigt diese Botschaft mit dem Lobpreis: „Verherrlicht ist Gott in der Höhe und auf Erden ist Friede bei den Menschen seiner Gnade" (Lk 2,14).

Wir wissen nicht, ob Maria diesen Lobpreis der Engel gehört hat. Sie stimmt in den Lobpreis Gottes ein im Lied des Magnificat, mit dem sie auf den Gruß ihrer Verwandten Elisabet antwortet. In diesem Lied gibt sie ihrer Freude über die Geburt des Erlösers Ausdruck.

Freude über den Erlöser, Freude über die Erlösung: Wir grüßen Maria mit dem Lied: „Freu dich, du Himmelskönigin! Den du zu tragen würdig warst, er ist auferstanden, wie er gesagt hat." Maria freut sich, dass ihr Sohn von den Toten auferstanden ist und lebt.

Wenn wir Maria als Königin des Himmels anrufen, bringen wir damit unseren Glauben zum Ausdruck, dass Gott sie in die Herrlichkeit seines Lebens aufgenommen hat. Sie hat teil an der ewigen Freude der Erlösten. Sie erfährt, was es heißt, wenn wir im Psalm beten: „Vor deinem Angesicht herrscht Freude in Fülle, zu deiner Rechten Wonne für alle Zeit" (Ps 16,11).

Freude über den Erlöser, Freude über die Erlösung, Freude über das Heil und die Fülle des Lebens bei Gott: An dieser Freude, so bitten wir, soll Maria uns Anteil geben. Wir dürfen uns mit ihr freuen über unseren Erlöser, über unsere Erlösung, über das Heil und das Leben, das Gott uns in seinem Sohn Jesus Christus schenkt.

„Am Anfang hast du in einem Lied seine Geburt angekündigt": Wir stimmen in dieses Lied der Freude ein. Und: „Am Ende werden wir tanzen zum Lied seiner Liebe."

Botin der Freude und des Lebens

„Jungfrau Maria, Botin einer neuen frohen Botschaft, du eilst über die Berge Judäas, und unter deinen Schritten erwacht die Schöpfung."

„Jungfrau Maria": Mit diesem Wort wird das Bild der Verkündigung vor unseren Augen lebendig. Der Engel Gottes bringt Maria die Botschaft, dass sie die Mutter des Herrn werden soll. Es ist eine frohe Botschaft, die sie empfängt. Schon im Gruß des Engels klingt dies an. Es ist der griechische Gruß χαιρε, in dem die Bedeutung „Freue dich" mitschwingt.
Maria eilt über das Gebirge zu ihrer Verwandten Elisabet. Sie ist Trägerin einer neuen frohen Botschaft. Sie erwartet ein Kind. Schon das ist eine frohe Botschaft, die sie Elisabet mitteilen kann. Das Neue, das sie verkünden kann, hat einen Namen: Jesus soll der Name ihres Kindes sein: Gott ist unser Heil. Die Zeit ist erfüllt. Gott selbst tritt in die Geschichte der Menschen ein und macht sie zur Heilsgeschichte.
Unser Gebetswort sieht Maria, wie sie mit ihrer neuen frohen Botschaft über die Berge Judäas eilt. Es ruft die Erinnerung wach an alttestamentliche Aussagen, die von Zion und Jerusalem als Freudenbotin sprechen: „Steig auf einen hohen Berg, Zion, du Botin der Freude! Erheb deine Stimme mit Macht, Jerusalem, du Botin der Freude! Erheb deine Stimme, fürchte dich nicht! Sag den Städten in Juda: Seht, das ist euer Gott. Seht, Gott, der Herr, kommt mit Macht, er herrscht mit starkem Arm. Seht, er bringt seinen Siegespreis mit: Alle, die er gewonnen hat, gehen vor

ihm her. Wie ein Hirt führt er seine Herde zur Weide, er sammelt sie mit starker Hand. Die Lämmer trägt er auf dem Arm, die Mutterschafe führt er behutsam" (Jes 40,9–11).

Zion – Jerusalem: Das werden Bilder für die Kirche. Die Kirche als Freudenbotin? Sie hat eine frohe Botschaft zu verkünden, die Botschaft Marias, die Botschaft, dass Gott unser Heil und Leben will.

Doch nicht nur die Kirche, sondern jeder Christ soll nach dem Beispiel Marias Botschafter dieser frohen Botschaft sein.

Von Maria heißt es in unserem Wort, dass sie als Botin einer neuen frohen Botschaft über die Berge Judäas eilt und unter ihren Schritten die Schöpfung erwacht. Wo Maria ihren Schritt hinsetzt, erwacht Leben. Dort wird etwas lebendig und wirksam von der Botschaft, die sie zu verkünden hat, der Botschaft vom Heil und vom Leben.

Die Berge Judäas sind zum Teil Wüste. Das Wort über Maria lässt uns an die Vision des Propheten Jesaja denken: „Die Wüste und das trockene Land sollen sich freuen, die Steppe soll jubeln und blühen. Sie soll prächtig blühen wie eine Lilie, jubeln soll sie, jubeln und jauchzen. Die Herrlichkeit des Libanon wird ihr geschenkt, die Pracht des Karmel und der Ebene Scharon. Man wird die Herrlichkeit des Herrn sehen, die Pracht unseres Gottes" (Jes 35,1–2).

„Dann werden die Augen der Blinden geöffnet, auch die Ohren der Tauben sind wieder offen. Dann springt der Lahme wie ein Hirsch, die Zunge des Stummen jauchzt auf. In der Wüste brechen Quellen hervor und Bäche fließen in der Steppe. Der glühende Sand wird zum Teich und das durstige Land zu sprudelnden Quellen" (Jes 35,5–7).

Unter den Schritten Marias, so sieht es unser Wort, erwacht die Schöpfung. Wie Maria verkünden wir die

Botschaft von Gottes Heil und vom Leben. Das muss sich auswirken und sichtbar werden in unserem Leben. Da, wo wir unsere Schritte hinsetzen, sollen wir Raum zum Leben geben, Leben wachsen lassen, Leben pflegen, Leben fördern. Papst Johannes Paul II. lädt uns in dem Weltrundschreiben „Evangelium vitae" – „Die frohe Botschaft vom Leben" ein, diese Botschaft zu verkünden und zu bezeugen, dem Leben zu dienen und das Leben zu feiern. Maria, die Botschafterin des Lebens, kann uns dabei Ansporn und Helferin sein. Marianische Haltung ist es, Leben Raum zu geben und sich für das Leben einzusetzen.

Arche des Bundes

Wir preisen Maria mit der Anrufung „Du Arche des Bundes" oder „Du Bundeslade". In der Bundeslade wurden die Tafeln mit dem Wort Gottes, den Zehn Geboten, aufbewahrt. Deshalb gilt die Bundeslade als heilig. Maria trägt in ihrem Schoß das lebendige Wort Gottes, Jesus, den Sohn Gottes. Deshalb grüßen wir sie mit Elisabet als die Gesegnete unter den Frauen und verehren sie als heilig.
Das zweite Buch Samuel berichtet von der Überführung der Bundeslade nach Jerusalem (2 Sam 6,1–15). Dieser Bericht hat auf die Erzählung vom Besuch Marias bei Elisabet eingewirkt (Lk 1,39–56). Damit soll angedeutet werden: Maria ist die Bundeslade des Neuen Bundes. Sie trägt Jesus, den Mittler des Neuen Bundes, in ihrem Schoß. Damit wird sie für alle Menschen zum Segen, so wie die Bundeslade zum Segen für das Haus Obed-Edoms und alles, was ihm gehörte, geworden ist.
Können wir Christen an diesem Geheimnis Marias teilnehmen? Auch wir tragen Christus in unserem

Herzen. Auch wir sollen ihn zu den Menschen tragen. Wie Maria können auch wir zur Quelle des Segens für andere werden.

Bilder für Maria

Ein äthiopischer Marienhymnus besingt Maria in uns ungewohnten Bildern:

„Als der Gold- und der Purpurfaden in deinem Finger
vereint waren,
die Abbilder der göttlichen und menschlichen Natur,
ließest du, Mariam, Tor für die Sonne der
Gerechtigkeit,
das Wunder des Lichtes sprießen ohne Vater beim
Hören des Wortes
deines Engels Gabriel, dessen Antlitz froh ist.

Ein großes Wunder, das in Jungfräulichkeit du
sprießen ließest
und als Frucht brachtest in Reinheit des
Gottesdienstes Opfer,
güldenes Rauchfass der Seraphim und Kelch der
Cherubim!
Es gibt kein Gebet und keine Fürbitte,
die ohne dich, Mariam, zur Höhe steigen.

Wie wunderbar! In diesem deinem Ebenbild,
dem Wunderstern, in dem das Bild deines Kindes
dargestellt ist,
ging leuchtend auf dein Gestirn, Jungfrau.
Es zeigte den Magiern den Weg aus ferner Gegend
dorthin, wo Christus, deine Blüte, in der Krippe lag."

Maria, das „Tor für die Sonne der Gerechtigkeit": Wir sind es gewohnt, Maria als Pforte des Himmels zu bezeichnen. Das Bild vom Tor für die Sonne der Gerechtigkeit ist damit verwandt. Jesus Christus ist die Sonne der Gerechtigkeit. Wir bitten ihn im Lied, auch in unserer Zeit aufzugehen: „Sonne der Gerechtigkeit, gehe auf zu unsrer Zeit; brich in deiner Kirche an, dass die Welt es sehen kann. Erbarm dich, Herr" (Gotteslob, Nr. 644). Maria ist das Tor, durch das die Sonne der Gerechtigkeit in unsere Welt eintritt, um uns zu leuchten.

„Güldenes Rauchfass der Seraphim und Kelch der Cherubim": Beide Bilder sind uns in dieser Weise in der Anwendung auf Maria unbekannt.

In der Lauretanischen Litanei grüßen wir Maria als „Kelch des Geistes", als „kostbarer Kelch" und „Kelch der Hingabe". Der Kelch enthält die Opfergabe für den Gottesdienst. Im Kanon der heiligen Messe bitten wir Gott: „Dein heiliger Engel trage diese Opfergabe auf deinen himmlischen Altar vor deine göttliche Herrlichkeit." Das Bild vom „Kelch der Cherubim" erinnert uns daran, dass Maria ihren Sohn trägt, der sich hingibt für das Leben der Welt.

„Güldenes Rauchfass der Seraphim": Aus dem Rauchfass steigt der Weihrauch empor: „Wie ein Rauchopfer steige mein Gebet vor dir auf; als Abendopfer gelte vor dir, wenn ich meine Hände erhebe" (Ps 141,2). Die Vision der Offenbarung des Johannes sieht vier Lebewesen und die 24 Ältesten, die vor dem Lamm niederfallen. Alle tragen Harfen und goldene Schalen voll Räucherwerk. Das sind die Gebete der Heiligen (vgl. Offb 5,8).

Wenn wir das Bild vom goldenen Rauchfass der Seraphim auf Maria anwenden, will uns das sagen, dass sie ihr Gebet mit unseren Gebeten vereinigt.

Schließlich sieht der Hymnus im Stern von Betlehem ein Licht, in dem auch der Stern Marias aufging. Wir kennen das Bild des Sterns in der Anwendung auf

Maria als Morgenstern, der das Kommen des Tages des Herrn ankündigt, und als Stern des Meeres, der den Fahrenden den Weg weist und sie sicher geleitet.
Im Stern von Betlehem, diesem „Wunderstern", ist das Bild Jesu, des Sohnes Marias, dargestellt. In ihm ging auch der Stern Marias leuchtend auf. Sie führt uns sicher zu ihrem Sohn.

Sich Maria anvertrauen

Ludwig Maria Grignion de Montfort lädt uns ein, dass wir uns und unser Leben Maria anvertrauen.

Wir rufen Maria an als Sitz der Weisheit. Wir dürfen uns ihr anvertrauen. Sie weiß, was gut und richtig für uns ist. Sie weiß, wie wir uns selbst und alles, was wir haben, auf Gott hin ausrichten können, zur größeren Ehre Gottes.

Maria ist voller wohlmeinender Liebe. Sie liebt uns als ihre Kinder. Wir können ihr alles anvertrauen. Wir werden nichts verlieren. Sie lässt alles zu unseren Gunsten ausgehen.

Maria ist freigebig: Sie gibt mehr, als wir ihr geben können. Deshalb lädt Grignion de Montfort uns ein: „Lasst uns ihr alles, was wir haben, anvertrauen, ohne Einschränkung. Wir werden das Hundertfache zurückerhalten."

Maria ist mächtig: Niemand kann ihr das, was wir ihrer Hand anvertrauen, entreißen. Wir wollen uns in ihre Hände geben. Sie wird uns verteidigen und uns siegreich sein lassen über alle Feinde.

Maria ist treu. Sie ist Gott und den Menschen treu: Sie hat alles treu behütet und bewahrt, was Gott ihr anvertraut hat, ohne das Geringste zu verlieren. Sie behütet alle Tage mit besonderer Sorge alle, die sich in besonderer Weise unter ihren Schutz stellen.

Deshalb: Vertrauen wir alles ihrer Treue! Wir können uns an sie lehnen wie an eine Säule, die man nicht umstürzen kann.

Vertrauen auf Maria

Ein äthiopischer Marienhymnus lädt ein zum Vertrauen auf Maria in jeder Situation unseres Lebens:

„Meine Herrin, zu jeder Zeit sehe ich dich mit dem Auge meines Herzens
und an jedem Ort finde ich dich mit meinem Denken:

Wenn ich schlafe, dann wachst du, um mich zu bewachen,
und wenn ich vom Schlaf erwache, bist du bereit, mich aufzurichten.

Wenn ich sitze, bist du nahe, um mich zu ermahnen,
und wenn ich stehe, dann befindest du dich zu meiner Rechten.

Spreche ich, würzt du meine Zunge, um die Rede schmackhaft zu machen,
schweige ich, bist du die Gönnerin meiner Bedachtsamkeit.

Wenn ich fröhlich bin, bist du die Erfreuerin meiner Wonne,
und wenn ich traurig bin, bist du die Trösterin meiner Betrübnis.

Wenn ich weine, verscheuchst du meine Traurigkeit,
und wenn ich lache, dann gefällt dir meine
Heiterkeit.

Wenn ich singe, bist du wie eine Harfe für meine
Hände,
und wenn ich tanze, bist du wie eine Flöte für meine
Finger.

Wenn ich hungere, ernährst du meinen Leib,
und wenn ich dürste, bist du das Wasser des Lebens,
um mich zu laben.

Wenn ich stürze, streckst du die Hand aus, um mich
zu stützen,
und wenn ich falle, reichst du mir die Rechte, mich
wieder aufzurichten.

Wenn ich allein bin, hörst du nicht auf, mich zu
besuchen,
und inmitten einer Versammlung bist du dicht an
meiner Seite.

Wenn ich ermattet bin, erquickst du meine
Müdigkeit,
und wenn ich krank bin, machst du meinen Leib
gesund.

Wenn ich in Not bin, befreist du mich aus meiner
Bedrängnis,
und wenn ich mich abquäle, hast du Mitleid mit
meinem Frondienst.

Wenn ich verwundet bin, heilst du meine Verletzung,
und wenn ich schmutzig bin, reinigst du mich vom
Unrat.

Wenn ich mich verfehle, sühnst du meine Sünden,
und wenn ich arm bin, machst du mich reich in
meiner Dürftigkeit."

Eine Weise der Weihe an Maria

„Schreib meinen Namen auf dein reines Kleid
und auch auf das Gewand deines Sohnes, das mit
Blut bespritzt ist":
Mit dieser Bitte an Maria weihen wir uns ihr.

Eine äthiopische Legende erzählt:

„Der Mönch Damian aus Philippi liebte die Gottesgebärerin aus der Tiefe seines Herzens. Er war Schreiber in der Klosterbibliothek und jedes Mal, wenn er ihren Namen schrieb, ehrte er sie dadurch, dass er ihn nicht mit schwarzer Tinte, sondern in Gold, Silber, Lapislazuli oder anderen kostbaren Farben schrieb. Als er erkrankte und seine Seele den Leib verlassen sollte, erschien ihm unsere Herrin und sprach: Mein getreuer Diener, hast du nicht meinen Namen mit all deinem Können geehrt und mit kostbaren Farben geschmückt? Fürchte dich nicht, in dieser vergänglichen Welt zu sterben. Komm, ich werde dir deinen Namen zeigen, der im Himmel auf einer goldenen Säule aufgeschrieben ist! Da ging seine Seele ohne Qualen in Frieden zur Ruhe ein."

Ein Marienhymnus nimmt den Gedanken der Legende auf:

„Damians Namen, der dir ergeben war, hast du oben
auf hohem Berg
an die Säule aus rotem Gold geschrieben,
Aufgang der leuchtenden Sonne, Miriam, Morgenrot.
Schreib meinen Namen auf dein reines Kleid
und auch auf das Gewand deines Sohnes, das mit
Blut bespritzt ist."

„Schreib meinen Namen auf dein reines Kleid

und auch auf das Gewand deines Sohnes, das mit Blut bespritzt ist":

Das Bildwort zeigt, wie die Weihe an Maria weiterführt zur Weihe an ihren Sohn Jesus Christus.

Marienfrömmigkeit

Ein Blumengruß für Maria

Ungezählte Bilder aus allen Jahrhunderten und Kulturkreisen zeigen die Szene der Verkündigung. Der Engel Gabriel bringt Maria die Botschaft, dass sie Mutter des Erlösers werden soll. Wir sehen Maria in ihrem Haus. Sie ist im Gebet versunken oder liest in der Heiligen Schrift.
Ein Fresko in der Kirche „Maria vom Krokodil" auf der Halbinsel Zeghie im Tana-See in Äthiopien zeigt den Engel Gabriel mit einem Blumenstrauß in der Hand. Mit den Worten: „Sei gegrüßt, du Begnadete, der Herr ist mit dir", überreicht er ihr den Blumengruß.
Das Bild regt unsere Phantasie an. Hat der Engel den Gedanken gehabt, Maria mit einem Blumenstrauß zu begrüßen? Hat er selbst den Blumenstrauß zusammengestellt? Oder hat Gott ihm den Auftrag gegeben, Maria die Blumen in seinem Namen zu überreichen? Hat Gott ihn selbst zusammengestellt und die Blumen ausgesucht? Der Blumenstrauß kann ein Bild sein für die reiche Fülle der Gnaden, mit der Gott Maria beschenkt hat.
Das Bild lässt uns an Lieder denken, in denen wir Maria mit Blumen vergleichen:
„Ave Maria zart, du edler Rosengart, lilienweiß, ganz ohne Schaden, ich grüße dich zur Stund mit Gabrielis Mund: Ave, die du bist voller Gnaden."
In einem anderen Lied preisen wir Maria: „Rose ohne Dornen …, du von Gott Erkorne …, Lilie ohnegleichen …, dir selbst Engel weichen."

Die äthiopischen Marienhymnen kennen „Blumengrüße für Maria":

„Wie sich der Dürstende beeilt, Wasser zu trinken,
so beeilt sich zu deinem Preis mein Mund,
Mariam, Blüte meiner Weinstöcke!

Gruß dir! Schmück mich mit deiner Blüte, mit Christus,
dem Glanz des Schmuckes der Heiligen,
Mariam, milde, dass er aller Sünder sich erbarme und ihnen verzeihe!

Gruß dir! Für jedes Gegrüßet, das ich dir wie der Engel Gabriel sage,
nimm aus meinem Mund am Morgen und am Abend
eine Blume, Mutter Gottes."

Wir können den Erzengel Gabriel zum Vorbild nehmen, wenn wir einen Blumengruß zum Bild Marias bringen, um sie als Mutter unseres Herrn zu verehren.

Kranz aus fünfzig Rosen

Eine äthiopische Legende erzählt:

„Ein junger Grieche aus königlicher Familie namens Zacharias betrat einst eine Kirche, um zu beten. Das Bild der heiligen Jungfrau dort entzückte ihn so sehr, dass er des Öfteren Mariens Haupt mit einem Kranz aus fünfzig Rosen krönte. Als die Zeit der Rosen vorüber war, sprach er vor ihrem Bild: Geliebte Herrin, ich will dir anstelle der Rosen in Zukunft fünfzigmal den Gruß Gabriels bringen. So ehrte er Maria bis ins hohe Alter, indem er sprach: Gruß dir, meine Herrin, begnadet bist du, Gnadenvolle, der Herr ist mit dir! Als er einmal auf einer Reise eine von Räubern bewohnte Wüste durchqueren musste, fiel ihm ein, dass er an diesem Abend noch nicht sein Gebet gesprochen hatte. Er wandte sich gen Osten, fiel auf die Knie und sprach den Engelsgruß. Das bemerkte der Anführer der Räuber und sah zugleich, wie eine Frau von erhabener Schönheit vom Himmel herabkam und mit ihr schöne Jungfrauen; sie stellten einen Stuhl für sie auf, und sie setzte sich vor Zacharias hin. Jedes Mal, wenn er den Engelsgruß sprach, pflückte sie aus seinem Mund eine Rose, bis sie einen Kranz von fünfzig Blüten hatte. Darauf kehrte Maria in den Himmel zurück. Der Hauptmann aber, dem Zacharias das Geschehen erklärte, bekehrte sich mit seinen Kumpanen und trat mit ihnen in ein Kloster ein."

Ein „Rosenlied" nimmt dieses Motiv auf:

„Ein Mann, der in die Wüste hinausgegangen war
zur Zeit, da er dir den Gruß entbot, wie er stets gewohnt,
Königin des Himmels, Mariam, dein Herabsteigen zur Erde –
indes du seinem Mund entnahmst die Rosenblüte, die schöne, –
dein Wunder, das er sah, bewunderte er.

Da ich weiß, Mariam, dass du ohne Unterlass begehrst
für dich den Engelsgruß, der die Rosenblüte sprießen lässt,
mögest du, wenn ich wie Gabriel, der Bringer froher Botschaft, dich verehre,
das Duftgewürz der Blume von meiner Zunge pflücken.
Wirk das Wunder deiner Wohltat, Mariam!

Ohne Scheu steh ich vor deinem Bild, wenn der
Rosenblüte Zeit zu Ende ist,
indem ich dich aufs Höchste preise mit einem Preis,
der nimmer endet.
Dein Wunder, Mariam, lehrt:
Das Rufen deines Namens hielt den, der fiel,
und machte auch den Sünder zum Gerechten."

Die Legende vom Kranz aus fünfzig Rosen und das Rosenlied können uns Anregung und Einladung sein, den Rosenkranz zu beten.

Maria im Bild des Baumes

Psalm 1 vergleicht den Menschen, der Freude hat an der Weisung des Herrn, mit einem Baum: „Er ist wie ein Baum, der an Wasserbächen gepflanzt ist, der zur rechten Zeit seine Frucht bringt und dessen Blätter nicht welken" (Ps 1,3).
Der Prophet Ezechiel sieht in einer Vision, wie Wasser unter der Tempelschwelle hervorströmt und nach Osten fließt. Das Wasser wird zu einem großen Fluss: „An beiden Ufern des Flusses wachsen alle Arten von Obstbäumen. Ihr Laub wird nicht welken und sie werden nie ohne Frucht sein. Jeden Monat tragen sie frische Früchte; denn das Wasser des Flusses kommt aus dem Heiligtum. Die Früchte werden als Speise und die Blätter als Heilmittel dienen" (Ez 47,12).
Die Offenbarung des Johannes greift das Bild auf und spricht von den Bäumen des Lebens, die am Wasser des Lebens stehen. Zwölfmal tragen sie Früchte, jeden Monat einmal, und die Blätter der Bäume dienen zur Heilung der Völker (vgl. Offb 22,2).
Ein äthiopischer Marienhymnus vergleicht Maria unter dem Leitwort „Bäume der Zuversicht" mit Bäumen:

„Jungfrau, siehe, der Geist der Liebe treibt mich an,
dich mit den Bäumen zu vergleichen.

Ich nenne dich einen Apfelbaum;
unter deinem Schatten habe ich Schatten, wenn ich
mich danach sehne.
Jesus, die Blüte deiner Jungfrauschaft, ist
Wohlgeruch für meine Nase,
und die Frucht deiner Reinheit ist meinem Gaumen
süß (Hld 2,3).

Ich nenne dich einen Ölbaum;
es gefällt mir die Schönheit deines Wuchses,
und zum Siegel meines Antlitzes wurde mir das
Chrisamöl,
das aus der Seite deines Sohnes floss.

Ich nenne dich einen Feigenbaum;
wie Adam die Blätter des Feigenbaumes
zusammennähte
und sich einen Schurz anfertigte, um seine Blöße zu
bedecken,
so bedecke ich mich mit der Taufe, die aus deines
Sohnes Seite floss.

Ich nenne dich einen Dornbusch;
aus ihm erschien der Gott Abrahams, Isaaks und
Jakobs dem Mose
und sandte ihn zu den Kindern Israels,
ihnen die Befreiung von dem Sklavenjoch des Pharao
zu verkünden.

Ich nenne dich einen Weinstock;
denn lieblich wurde die Frucht deines Leibes,
und zum Trank der Heiligen
wurde das Blut der Traube deiner Jungfrauschaft."

Die Schönheit Marias

Wir preisen die Schönheit Marias in einem Lied:

„Die Schönste von allen, von fürstlichem Stand,
kann Schönres nicht malen ein englische Hand;
Maria mit Namen, an ihrer Gestalt,
all Schönheit beisammen, Gott selbst wohlgefallt."

Ein äthiopischer Marienhymnus preist die Schönheit Mariens:

„Gruß dir, Thron der Sonne und des Himmels und
der Sterne Krone!
Auch die Erde ist geschmückt mit Blumen und
Palmentrauben,
Mariam, Zeit der Wonne!

Gruß dir! Gieße deines Grußes Duft, Mutter, über
meinem Haupte aus,
Mariam, Blume am Gewand des Bräutigams,
die du nach Zimt duftest!

Gruß dir! Sooft mir deines leuchtenden Antlitzes
Schönheit gefiel,
verglich ich es mit einer schönen Blume,
Mariam, Perlenjuwel!"

Die Schönheit Marias hat ihren Grund darin, dass sie die Mutter des eingeborenen Sohnes Gottes ist. Davon spricht ein anderer äthiopischer Marienhymnus:

„Die Rechte des Vaters, Jungfrau, hat dich bedeckt,
und die Fittiche des Geistes haben dich beschattet,
und der eingeborne Sohn wurde aus dir Fleisch.
Als der Engel Gabriel dir die Botschaft brachte,

ging Gottes Wort zugleich mit der Botschaft durch
dein Ohr ein,
und du hast Gottes Sohn in deinem Mutterleib
getragen,
während er dich selbst trug.
Er kam zu dir, ohne zu lärmen;
er stieg herab, ohne gesehen zu werden;
er wurde empfangen, ohne erkannt zu werden.

Wie ein Kelch aus reinem Kristall,
wenn man in ihn Wasser gießt, nach der Farbe des
Wassers aussieht,
wenn man aber Wein hineintut, nach der Farbe des
Weines aussieht,
wenn in ihn etwas Rotfarbiges hineingegossen wird,
rot erscheint,
wenn etwas Grünfarbiges, grün,
so wurde auch die Schönheit der Jungfrau mit ihrem
Sohn verändert,
nachdem sich seine Schönheit in ihrem Schoß
verändert hatte,
sei es nun, dass sie rot wurde wie eine Granatblüte
oder dass sie weiß wurde wie eine Nardenblüte
oder dass sie leuchtete wie eine Rosenblüte
oder grün wurde wie das Grün des Gartens.
Ja, anmutig ist das Kunstwirken Gottes
und groß die Macht seines Tuns;
gerecht ist all sein Gericht.
Gepriesen ist der Name der Herrlichkeit dessen,
der erwählt und geliebt, erhöht und verherrlicht hat
die heilige Jungfrau!"

Vor dem Antlitz Marias

Edmond Michelet, ein französischer Widerstandskämpfer, berichtet aus dem Lager Dachau, dass die Häftlinge in einer Baracke sich eines Abends aufzumuntern suchten, indem sie einander Gedichte vortrugen. Plötzlich meldet sich im Dunkeln ein jüdischer Schüler, der nach Misshandlungen durch die SS mehr tot als lebendig in die Baracke zurückgebracht worden war, um auch ein Gedicht aufzusagen. Es war das Gedicht von Paul Claudel: „Die Jungfrau Maria in der Mittagsstunde":

„Des Mittags seh ich die Kirche offen,
mich zieht's hinein.
Ich komme, Mutter Jesu Christi, nicht zum Beten,
ich habe nichts, dir darzubringen oder zu erflehen.
Ich komme nur, o Mutter, um dich anzuschauen,
um dich zu sehen und zu weinen nur vor Glück:
Weil ich weiß, dass ich dein Kind bin
und dass du da bist."

Aus diesem Gedicht spricht, vor allem in der von Edmond Michelet geschilderten Situation des Konzentrationslagers, eine Sehnsucht nach edlem Menschentum, nach Güte und Geborgenheit, wie sie im Antlitz Marias aufleuchten.
Es tut gut, in Stille vor einem Marienbild zu verweilen und es anzuschauen. Von Dostojewski wird berichtet, dass er jedes Jahr für einige Tage nach Dresden fuhr, um das Bild der Sixtinischen Madonna anzuschauen. Auf die Frage, warum er das tue, antwortete er: „Um nicht an der Menschheit zu verzweifeln."

„Ich komme nur, o Mutter, um dich anzuschauen,
um dich zu sehen und zu weinen nur vor Glück."

Was macht den Dichter, der das Bild Mariens betrachtet, so glücklich, dass er sogar vor Freude weint? Er ist glücklich, dass es Maria gibt und dass sie auch für ihn da ist, dass sie seine Mutter ist. Er weint vor Glück:

„Weil ich weiß, dass ich dein Kind bin
und dass du da bist."

„Du bist ja die Mutter, dein Kind will ich sein", so singen wir in einem Lied. Wir dürfen uns bei Maria geborgen wissen.

Der erbarmungsreichen Mutter wunde Füße

Ein Fresko in der Kirche „Maria vom Krokodil" auf der Halbinsel Zeghie im Tana-See in Äthiopien zeigt, wie Maria sich ihren wunden Fuß behandeln lässt. „Der erbarmungsreichen Mutter wunde Füße" nennt Lothar Heiser dieses Bild. Er deutet es uns:

„Der Legende nach ist die heilige Familie auf ihrer Flucht vor Herodes bis nach Äthiopien gekommen. Wie die meisten Frauen hier geht Maria barfuß auf den dornenreichen Schotterwegen und hat sich den Fuß verletzt. Jakobus, Josefs Sohn aus seiner ersten Ehe, der Herrenbruder, versorgt liebevoll die schmerzenden Wunden seiner Mutter" (Lothar Heiser, Äthiopien erhebe seine Hände zu Gott!, a.a.O., S. 312).

Maria schaut ein wenig ängstlich. Tut es weh? Ist es schlimm? Selbst das Kind, das an der Brust der Mutter getrunken hat, wendet sich um und schaut zu.
Es ist ein Bild, das alle, die auf ihrem Weg wunde und schmerzende Füße bekommen haben, einlädt zur

Betrachtung und Besinnung. Das gilt für echte Fußpilger, das gilt aber auch für alle, die im übertragenen Sinn auf ihrem Lebensweg müde und wunde Füße bekommen haben.

Maria gehört zu uns in der Solidarität derer, die auf dem Weg sind. In der Solidarität der Verwundeten dürfen wir auf das Mitgefühl und das erbarmende Verstehen Marias vertrauen.

Gesundheit des Leibes und der Seele

In einer Votivmesse zum Gedenken an Maria bitten wir: „Herr und Gott! Auf die Fürsprache der jungfräulichen Mutter Maria schenke uns die Gesundheit des Leibes und das Heil der Seele. Nimm von uns die Traurigkeit dieser Zeit und schenke uns die ewige Freude!"

Das Gebet spricht von der Gesundheit des Leibes und vom Heil der Seele. Diese Trennung, wenn nicht gar Gegenüberstellung, erfolgt allerdings erst in der deutschen Übersetzung des Gebetes. Sie legt nahe, dass es beim „Heil der Seele" um das „Seelenheil" geht, um das ewige Heil des Menschen im Gegensatz zur Gesundheit des Leibes, die demgegenüber nur ein vorletztes Gut ist.

Das Gebet legt uns in seiner ursprünglichen Fassung nahe, für die Gesundheit des Leibes und der Seele zu bitten. Auch die Seele des Menschen kann krank sein. Die Krankheit der Seele wirkt sich negativ aus auf die Gesundheit des Leibes, wie auch die Krankheit des Leibes die Gesundheit der Seele beeinträchtigen kann. Wir dürfen Gott auf die Fürsprache Marias die Bitte um die Gesundheit des Leibes und der Seele vortragen.

Das Gebet fügt hinzu: „Nimm von uns die Traurigkeit dieser Zeit und schenke uns die ewige Freude."

Unsere Zeit ist Heilszeit. Sie ist nicht mehr heillos, seit Gott selbst in der Menschwerdung seines Sohnes aus der Jungfrau Maria in unsere Zeit eingetreten ist und sie damit zu seiner eigenen Zeit, zur Heilszeit gemacht hat.

Dennoch liegt über unserer Zeit eine gewisse Traurigkeit. Manche Menschen empfinden sie stärker als andere. Die Zeit ist begrenzt und lässt uns immer wieder an unsere Grenzen stoßen. Die Zeit ist vergänglich, und wir spüren, wie auch unser Leben vergänglich ist. Der Apostel Paulus spricht davon, dass die Schöpfung der Vergänglichkeit unterworfen ist und dass sie seufzt und in Geburtswehen liegt. Doch das ist nicht ihre tiefste Bestimmung: „Auch die Schöpfung soll von der Sklaverei und Verlorenheit befreit werden zur Freiheit und Herrlichkeit der Kinder Gottes“ (Röm 8,21). In dieser Hoffnung bitten wir Gott: „Nimm von uns die Traurigkeit dieser Zeit und schenke uns die ewige Freude.“

Marienhymnen

Eine äthiopische Litanei

In der Lauretanischen Litanei grüßen wir Maria mit vielen Bildern. Ein äthiopischer Marienhymnus enthält eine Parallele:

„Jungfrau, Strom der Ehre und des Reichtums,
befreie mich von dem Verleumden und Lügen;
befreie mich aber auch von dem Verleumder und Lügner!

Jungfrau, Quelle des Lebens und Born der Erlösung,
befreie mich von der Rachsucht und dem Neid;
befreie mich aber auch von rachsüchtigen und neidischen Menschen!

Jungfrau, Schöpfeimer der Heilung und Brunnen des Segens,
befreie mich von der Kampfeslust und von der Streitsucht;
befreie mich auch von kampfeslustigen und streitsüchtigen Menschen!

Zelt des Lichtes, Wohnung des Königs der Könige,
bedecke mich mit dem Umhang deines verzeihenden Sohnes,
damit ich verborgen sei vor der Rede der Zunge voller Verleumdung!

Dauerhafter Turm, dessen Fundament unzerstörbar ist
und dessen Umfassungsmauer nicht einstürzt,

lass mich im Gemach deines Sohnes wohnen, im Speisesaal der Gläubigen!

Jungfrau, Weinberg, der die Traube der Jungfräulichkeit reifen ließ
und als Beeren die Frucht des Segens in Heiligkeit hervorbrachte,
gewähre mir eine sanftmütige Seele, um Gerechtigkeit zu üben!

Jungfrau, Leiter, die von der Erde bis zum höchsten Himmel reicht,
lass mein Gebet dorthin aufsteigen, wo die Dreieinigkeit der Gottheit ist,
gewähre mir Erbarmen nicht aus Recht, sondern durch deinen Segen!"

Neue Hoffnung

„Du, die das Herz Gottes entzückt
und die du es geneigt machst, sich zur Erde zu wenden,
Maria, du lässt deine Antwort
als Opfergabe zu ihm emporsteigen.

Du, die du den Ruf Gottes aufnimmst
wie die Erde den Samen,
du lässt in dir die neue Hoffnung
Gestalt annehmen.

Der Mensch hat die Freude an Gott verloren,
indem er die Ähnlichkeit zurückwies;
durch dich ist uns der Sohn geschenkt,
der uns wieder zum Vater führt.

Gesegnete Jungfrau, die du Gott trägst,
Verheißung und Pfand des Bundes,

in dir begegnet die Liebe unserem Leben
und nimmt es in ihr Leben hinein."

(Französisches „Magnificat")

Klare Quelle

„Das ausgetrocknete Land
erzittert vor Freude:
Eine Quelle springt auf.
Neue Klarheit,
in der unsere Menschheit
ihr Gesicht wiederfindet.

Reine Quelle, Jungfrau Maria,
mit dir wird die Hoffnung wiedergeboren.
Dein demütiges Lied
kündet den Retter an.
Deine Frische lässt uns
die Ströme lebendigen Wassers vorausahnen.

Dein Lauf zieht uns mit
zum Ozean des Lebens."

(Französisches „Magnificat")

Botin der Freude

„Jungfrau Maria,
Botin einer frohen Botschaft,
du eilst über die Berge Judäas,
und auf deinen Spuren erwacht die Schöpfung:
Er, den das All nicht fassen kann,
hat Wohnung in dir,
die alte Welt bereitet sich auf den Frühling!

Die Wurzel Jesse wird blühen,
der Baum des Lebens wird seine Frucht geben.
Singe und freue dich, Jungfrau Maria,
der Herr hat sein Volk heimgesucht.
Elisabet eilt zur Begegnung der Freude,
sie grüßt dich, du bist voll der Gnade.
Die Wahrheit sprießt aus der Erde hervor,
und Johannes erzittert vor Freude.
Tochter Abrahams, Mutter des Messias,
wir preisen dich selig."

(Französisches „Magnificat")

Freu dich, Maria!

„Voll der Gnade, freue dich!
Der Emanuel hat Raum gefunden
in deiner erleuchteten Wohnung.
Durch dich ist die Herrlichkeit aufgestrahlt
zum Heil der Menschheit.

Arche des Bundes, freue dich!
Auf dir ruht die Gegenwart Gottes,
verborgen in der Wolke.
Durch dich ist der Weg in der Wüste erleuchtet,
auf dem der Mensch vorangeht.

Treue Jungfrau, freue dich!
In der Dunkelheit, in der Gott dich ruft,
lässt du so hell deinen Glauben erstrahlen,
dass du auf unsere Kreuze
einen Widerschein des Friedens Christi
und sein Licht fallen lässt.

Königin der Engel, freue dich!
Die Kirche schaut bereits in dir

die verwandelte Welt:
Mach uns die Freude, teilzuhaben
am Jubel deines Lobpreises."

(Französisches „Magnificat")

Quellen

Nach: Lothar Heiser, Äthiopien erhebe seine Hände zu Gott! Die äthiopische Kirche in ihren Bildern und Gebeten, Schriftenreihe des Patristischen Zentrums KOINONIA – ORIENS, herausgegeben von Wilhelm Nyssen und Michael Schneider, Band XLIX, EOS-Verlag, Erzabtei St. Ottilien 2000, werden folgende Texte zitiert:

Aus: Sebastian Euringer, Die Marienharfe, in: Oriens Christianus, Leipzig-Wiesbaden 1901 ff.:
Seite 47: Donnerstagslektion, 24. 27, Oriens Christianus III, 5, 206 f.
Seite 60: Donnerstagslektion, 28, Oriens Christianus III, 5, 207 f.
Seite 68: Montagslektion, 38–46 (gekürzt), Oriens Christianus III, 2, 136–138
Seite 69: Dienstagslektion, 48 f. 51 f., Oriens Christianus III, 3–4, 90–92
Seite 75: Donnerstagslektion, 6–10, Oriens Christianus III, 5, 203 f.

Aus: Adolf Grohmann, Äthiopische Marienhymnen (Abhandlungen der Philologisch-Historischen Klasse der Sächsischen Akademie der Wissenschaften, 33. Bd.), Leipzig 1919:
Seite 57: Blumenlied, 62–64; 97–99
Seite 62: nach: 357 f.
Seite 62: Hymnus „Stellt nicht ein Mann“, 4. 33; 339. 353
Seite 65: Gruß an Maria I, 8. 11 f.; 399
Seite 65: nach: 161 f.
Seite 66: Blumenlied, 3–5; 67. 69
Seite 69: Gruß an Maria I, 1. 5. 7; 397–399